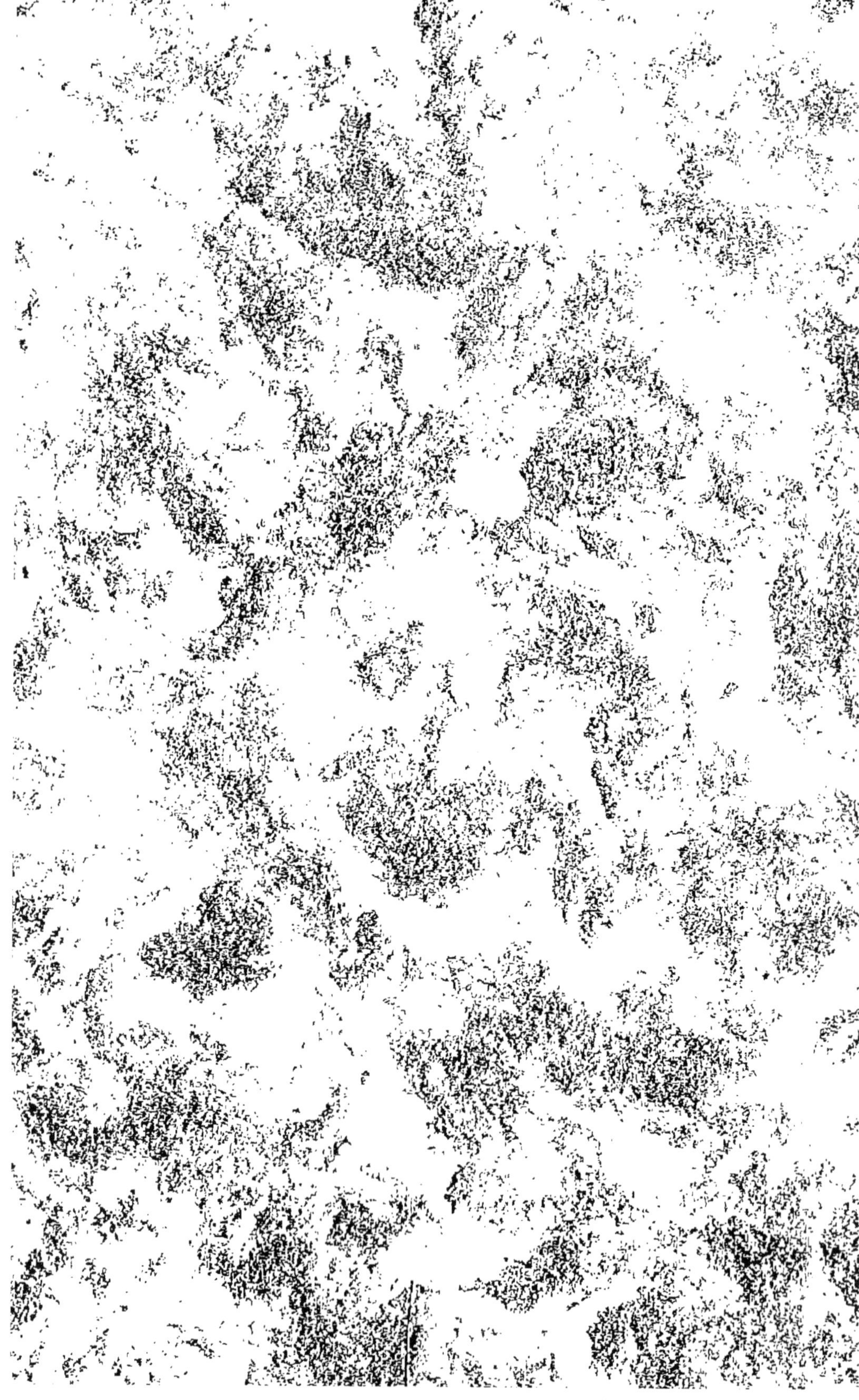

IDÉES

ANTI-PROUDHONIENNES

IDÉES ANTI-PROUDHONIENNES

SUR

L'AMOUR, LA FEMME ET LE MARIAGE

PAR

Mme JULIETTE LA MESSINE

> J'établirai une inimitié entre toi et la femme... Elle t'écrasera la tête et tu lui mordras le talon...
>
> GENÈSE. Ch. III, ỳ 15.

PARIS

LIBRAIRIE D'ALPHONSE TARIDE

2, RUE DE MARENGO

(ANCIENNE RUE DU COQ)

1858

GÉNÉRALITÉS

> Quand les plus fortes têtes ont de si bonnes raisons pour douter d'elles-mêmes, les plus humbles peuvent prétendre à être un moment écoutées.
>
> Marquis SAINT-AULAIRE.

M. Proudhon est un esprit profond et étroit, paradoxal et *simpliste*, qui a passé sa vie, — et c'est grand dommage, — à la *recherche de l'absolu.*

Plaçant d'abord son *absolu* dans l'égalité et lui trouvant, dans le droit de propriété, un empêchement dirimant, il formula le fameux aphorisme, dont il s'est servi comme d'une devise et d'un épouvantail, véritable antiphrase, fort mal expliquée par son auteur, et encore incomprise du public : « La propriété c'est le vol ! »

Cherchant ensuite l'*absolu* de la Méthode, il crut l'avoir trouvé dans la série, et il écrivit son livre de la *Création de l'ordre,* un vrai gâchis métaphysico-économique, où l'on trouve les idées mal digérées de Fourier, mêlées aux principes d'Adam Smith et à la philosophie de Kant.

M. Proudhon ne sortit des demi-ténèbres de la dialectique sérielle que pour entrer dans les nuages de la logique antinomique. Ici l'auteur change de méthode et de maître. Il suit Hégel au lieu de Fourier. Mais le but n'est pas changé : il s'agit toujours du *grand œuvre.* Son absolu, cette fois, est dans la découverte d'une loi fixe de la valeur. Où trouver cette loi? Dans le travail réalisé en dehors du capital. De là, nécessité du retour à la mutualité primitive : plus de rentes, plus d'intérêts, plus de propriété, plus de gouvernement. En économie, *la gratuité du capital ;* en politique, *l'an-archie !*

La révolution de février révéla à M. Proudhon divers procédés pour arriver à l'absolu; par exemple, l'arrêt de la valeur, la réduction générale des prix et salaires, l'organisation du crédit par la prorogation des échéances, etc. Mais c'est dans la banque d'échange qu'il crut l'avoir trouvé définitivement et sans retour. Convaincu alors d'avoir atteint la terre promise, il se hâta de brûler ses vaisseaux, et publia cette déclaration destinée à garantir ses adhérents contre de nouveaux essais et de nouveaux déboires et qui eut alors un si grand retentissement : « Je fais serment devant Dieu et devant « les hommes, sur l'Évangile et sur la Consti- « tution, que je n'ai jamais eu ni professé d'au- « tres principes de réforme sociale que ceux « relatés dans le présent acte, et que je ne de- « mande rien de plus, rien de moins, que la li- « bre et pacifique application de ces principes « et de leurs conséquences logiques, légales et « légitimes. Je déclare que, dans ma pensée la

« plus intime, ces principes avec les conséquen-
« ces qui en découlent, sont tout le socialisme,
« et que hors de là, il n'est qu'utopie et chi-
« mère..... »

Et à la fin de la pièce :

« Ceci est mon testament de vie et de mort.
« A celui-là seul qui pourrait mentir en mou-
« rant, je permets d'en soupçonner la vérité !

« Si je me suis trompé, la raison publique
« aura bientôt fait justice de mes théories : il
« ne me restera qu'à disparaître de l'arène ré-
« volutionnaire, après avoir demandé pardon à
« la société et à mes frères du trouble que
« j'aurai jeté dans leurs âmes et dont je suis,
« après tout, la première victime.

« Que si, après ce démenti de la raison gé-
« nérale et de l'expérience, je devais chercher
« un jour, par d'autres moyens, par des sug-
« gestions nouvelles, à agiter encore les esprits
« et entretenir de fausses espérances, j'appelle-
« rais sur moi, dès maintenant, le mépris des

« honnêtes gens et la malédiction du genre humain. »

On sait ce que devint la banque du peuple; quant au serment, inscrit sur la feuille d'un journal, il eut le sort des feuilles et des serments. Survint le vent de la réaction; — les *Eurus* de la révolution auraient-ils mieux fait? — Il emporta la feuille et le serment, et oncques depuis n'en entendis parler.

Si je rappelle ces choses vieillies, est-ce à dire que je prétende blâmer M. Proudhon d'avoir eu des idées de négation, d'opposition, de protestation, et d'avoir conçu des projets de réforme?

Pas le moins du monde. Nier, protester, s'opposer, c'était son droit, comme c'était son devoir de produire ses idées lorsqu'il les croyait bonnes ; si, de plus, il était de son caractère de souffler ses paroles dans un porte-voix et de les accompagner des bruits du tam-tam et de la grosse caisse, je ne vois aucun mal à ce que M. Proudhon, après avoir usé de son droit et accompli son devoir, se soit laissé aller à son caractère ; je lui pardonne encore d'avoir effrayé la marmaille et même d'avoir distribué, souvent sans discernement, injures et horions à ceux qui se trouvaient sous *la tangente de sa main* ou sous le vent de sa parole.

Mais ce que je blâme en M. Proudhon, c'est l'inconsistance de ses vues et l'outrecuidante assurance de ses propositions ; c'est une certaine étroitesse d'esprit qui ne lui a pas permis d'apercevoir la complexité du problème social et lui a fait croire qu'il pouvait se résoudre par une simple formule ; ce que je blâme en lui, c'est cette fatuité qui le pousse à promettre toujours plus qu'il ne peut tenir, et à faire naître des espérances qu'il ne peut satisfaire. En agissant ainsi, il fatigue l'attention du peuple, désoriente son esprit, lasse son dévouement. Ce que je condamne surtout en M. Proudhon, c'est d'avoir associé le public à sa vaine recherche de l'*absolu*, de s'être écrié en tête de chacun de ses livres : « *Eurèka!* Je l'ai trouvé ! » quand il n'avait rien trouvé du tout, et de n'avoir jamais cessé d'offrir son orviétan du jour comme la panacée universelle.

Une objection va m'être faite. Comment ! me dira-t-on, vous accusez M. Proudhon d'avoir passé sa vie à la recherche de l'absolu, tandis que l'absolu est le monstre qu'il combat, le cauchemar contre lequel il lutte, le protée qu'il veut détruire et qu'il poursuit sous ses divers déguisements !

Hélas ! oui. Je l'accuse de se livrer en secret au culte du Moloch, dont il brise, devant le peuple, les autels et les statues ; et ce n'est pas là une des moindres contradictions de cet esprit si logique à la fois *et si inconséquent.*

Je dis que M. Proudhon, qui nie l'absolu et le proscrit sous ses noms connus, sous ses dénominations ontologiques, cherche toujours l'absolu et ne voit jamais que le côté absolu des choses.

Chercher l'absolu, c'est sortir du réel, du possible, c'est créer une entité abstraite, c'est attribuer l'existence à ce qui n'est qu'une conception de l'esprit.

Eh bien, n'est-ce pas ce que fait M. Proudhon, lorsqu'il voit dans l'homme la raison et se refuse à y voir le sentiment, ou mieux lorsqu'il considère l'être social seulement sous ses rapports de justice, sans vouloir le considérer aussi sous ses rapports d'amour, d'affection, de solidarité, de miséricorde ?

J'admets bien que l'absolu soit une des catégories de l'entendement et même un des attributs de l'être ; mais ce n'est pas l'être, ce n'est aucun être. L'absolu, considéré en lui-même, n'est et ne sera jamais qu'une abstraction.

Tout être qui sera dit *absolu* ne sera qu'une vaine entité, une chimère, et si l'on veut le prendre pour type, en faire *un idéal* pour la raison ou pour la conscience, cette conception fera obstacle à la justice, empêchera l'accomplissement de la loi, et tôt ou tard arrêtera le progrès de l'esprit humain. C'est dans ce sens que M. Proudhon a eu raison de combattre l'absolu, sous le nom d'idéal ou sous toute autre dénomination.

Mais il n'est pas vrai que l'idéal soit fatalement voué à l'absolu.

Qui m'empêche de prendre mon idéal dans l'être même, dans le monde, dans la nature, et de le concevoir, par conséquent, en dehors de l'absolu?

Ne puis-je pas avoir l'idée d'un être meilleur que moi, plus beau, plus puissant, sans le supposer *infiniment bon*, *infiniment beau*, *infiniment puissant?* Et mieux encore, ne puis-je pas concevoir un être plus élevé que l'être humain dans la série des êtres, ayant des qualités autres, ou seulement plus développées, sans pour cela lui donner ce caractère d'absolue perfection et d'immuabilité qui m'obligerait à le pla-

2

cer en dehors des lois et des forces de la nature, lesquelles ne régissent et ne connaissent que des phénomènes relatifs et contingents ?

Bien plus, je dis que cette conception idéale, cette croyance d'un *état* supérieur dans la série vivante, est nécessaire à mon progrès moral et à mon développement autonomique. C'est là ce qui détermine mon activité, ce qui *cause* mon amélioration. Pourquoi marcherais-je en avant, si je ne vois pas de but à atteindre ? pourquoi lutterais-je, si je n'ai rien à conquérir ?

Vouloir détruire l'idéal, c'est essayer l'œuvre nutilement impie d'Erostrate ; si vous aviez le malheur d'y réussir, vous n'auriez rien fait pour la justice que vous voulez servir, mais vous auriez détruit la cause déterminante du progrès, et l'humanité serait condamnée à pourrir immobile, à la place où vous l'avez rencontrée. L'œuvre du sage, n'est pas de nier et de détruire, mais d'instruire et d'améliorer. La notion de l'idéal a besoin d'être rectifiée toutes les fois que l'état des âmes l'exige. Aujourd'hui cette rectification de l'idéal, qui sera en même temps un redressement de la conscience, est devenue nécessaire. Que l'idéal soit mis en harmonie avec la science et avec la raison, qu'il rentre dans les lois générales du monde et de la vie, et vienne se refléter dans la conscience de l'être humain, s'élevant et se purifiant à mesure que cette conscience se développe et se purifie : voilà ce qu'il faut vouloir, ce qu'il faut poursuivre, ce qu'il faut demander à ceux qui se font, comme vous, monsieur Proudhon, les guides et les instituteurs de l'humanité ; mais, pour Dieu ! finissons-en avec vos procédés d'ogre et de Torquemada; brûler n'est pas répondre.

Votre esprit âpre, tenace et mordant, saisit vigoureusement une question particulière, la creuse jusqu'au tuf et ne la lâche qu'après l'avoir disséquée par une implacable analyse jusqu'en ses fibres les plus ténues, jusqu'en ses parties les plus cachées ; mais il est impuissant à généraliser et à reconstruire.

Votre regard vise loin et juste, mais il n'embrasse pas les objets dans leur ensemble. Il peut connaître les différentes parties de l'être, mais il ne voit pas l'être lui-même, dans son unité vivante, avec ses limites et ses rapports.

La dialectique, en laquelle vous avez une confiance absolue, est, en vos mains, un véritable instrument de précision, propre à résoudre tous les problèmes ; vous le croyez du moins ; mais, ce n'est, au bout du compte, qu'un instrument. Votre dialectique n'a pas de cœur. Or, pour comprendre la vie, il faut être vivant soi-même. Et seriez-vous le cerveau le plus puissant de la création, vous ne connaîtrez jamais l'homme et l'humanité, si vous n'êtes qu'un cerveau.

Il ne suffit pas d'agiter des idées et de les précipiter les unes sur les autres comme les flots sur les flots, il faut que le souffle, qui se promène sur les eaux, prépare la création et même au milieu du chaos fasse pressentir l'ordre. Enfin, il ne suffit pas de séparer la terre des ténèbres de l'abîme, il faut encore sur son front faire resplendir la lumière et prononcer le *fiat lux !*...

Le dernier ouvrage de M. Proudhon est un nouveau voyage à la recherche de l'absolu.

L'absolu cette fois s'appelle *Justice.*

Il s'agit de prouver que la justice suffit à tout; qu'avec la justice on n'a besoin ni de religion, ni d'amour, ni d'idéal ; bien plus, que la religion, toute religion, que l'amour, tout amour, que l'idéal, tout idéal, sont choses contraires à la raison *juridique* et doivent être élaguées d'une sociétée fondée sur la justice.

« Le principe fondamental, organique, ré-
« gulateur , souverain des sociétés , c'est la
« justice.

« Qu'est-ce que la justice ? — L'essence même
« de l'humanité.

Qu'a-t-elle été depuis le commencement « du monde? — Rien.

« Que doit-elle être? — Tout. »

Ainsi s'exprime, dans sa préface, l'auteur du livre de la *Justice*, copiant Sieyès dans sa célèbre brochure sur le *Tiers-Etat*.

C'est, on le voit, toujours la même façon de parler, paradoxale et agaçante.

Que la justice soit l'essence même de l'humanité, je l'ignore et ne sais trop ce que cela veut dire ; mais avancer que la justice n'a *rien* été depuis le commencement du monde, qu'elle date d'hier et est sortie tout armée avec son glaive et sa balance de la tête de Jupiter-Proudhon, et ajouter, comme corollaire, que désormais la justice doit être *tout*, n'est-ce pas avoir un véritable parti pris de pierre philosophale, une monomanie de l'absolu? Ainsi l'amour, la charité, le dévouement, la miséricorde, n'appartiennent pas à l'humanité, et dans la société conçue par M. Proudhon, ces vertus ne sauraient trouver place. Ainsi la Révolution, dont M. Proudhon se dit le fils (fils ingrat qui calomnie sa mère en la faisant à son image), s'est trompée quand elle les a comprises sous le nom de fraternité dans sa triple formule ! Ainsi, la nature elle-même s'est trompée quand, pour faire l'homme, unissant le sentiment à la raison, elle a voulu que la conscience ne fût pas seulement éclairée par la raison, mais aussi échauffée par le cœur et devînt pour l'être humain un soleil moral, centre à la fois de lumière et de flamme !

Nous ne prétendons pas apprécier ici le livre de M. Proudhon.

Après la condamnation judiciaire, la critique ne peut le condamner sans lâcheté, ni l'absoudre sans risquer de manquer de respect à la chose jugée. Mais il y a une partie du livre de M. Proudhon qui n'a pas été incriminée ; c'est celle qui traite des femmes et du mariage. Là, se trouvent des choses que chaque femme sachant tenir une plume a le droit de regarder comme des personnalités; c'est à ces personnalités que je prétends répondre.

Car M. Proudhon a le verbe trop haut et la parole trop retentissante pour qu'il soit possible d'opposer à ses raisons mêlées d'injures le silence dédaigneux que méritent d'ordinaire ceux qui parlent un certain langage. D'ailleurs, combattre l'erreur est toujours un devoir, et l'accomplissement de ce devoir devient une vertu quand on le poursuit avec des armes inférieurement inégales. M. Proudhon représente la force, puisqu'il est homme; moi, la faiblesse, puisque je suis femme. Mais il y a quelque chose au-dessus de la force, c'est la vérité; il y a quelque chose qui l'emporte sur la dialectique la plus serrée, sur l'avocasserie la plus habile, c'est le simple bon sens. La cause que je défends l'emportera; mais, ce ne sera pas sans combats et sans efforts. Elle a besoin d'être défendue contre plusieurs, contre beaucoup. Hier, c'était contre les adversaires du progrès; aujourd'hui, contre M. Proudhon; demain peut-être, contre les amis du progrès et de la liberté mal comprise. Courage donc! Ceignons nos reins et préparons-nous à la lutte, et, qui pis est, à l'outrage. Oui, à l'outrage! car lorsque les hommes se battent entre eux, ils ne s'appliquent qu'à se tuer; mais quand ils luttent contre la femme, soit orgueil froissé, soit brutalité pure, ils cherchent d'abord et de premier mouvement à l'outrager dans son sexe ou dans sa personne, sachant bien qu'elle est vaincue quand ils l'ont salie.

L'AMOUR

Le malheureux, il n'a amais aimé!
S^e^ THÉRÈSE, parlant de Satan.

Quand il faisait la monographie de la propriété, M. Proudhon, *qui vise et ne regarde pas,* et n'aperçoit, par conséquent, que ce qui est *à son point,* ne voyant de la propriété que les abus et les injustices, et méconnaissant ce qu'elle a de fondamental, comme ce qu'elle a de perfectible et de transformable, s'en allait criant sur les toits : « La propriété c'est le vol ! » Traitant ensuite la question de Dieu, comme il ne voyait en Dieu que les caractères irrationnels du surnaturalisme ou les aberrations idolâtriques du paganisme, M. Proudhon s'écriait avec cette voix qui n'appartient qu'à lui et à feu Stentor : « Dieu, c'est le mal ! » Eh bien, les invectives qu'il a adressées à la propriété et à Dieu, dans son besoin sacrilége d'insulter ce que les autres respectent et adorent, il les adresse à l'amour. « L'amour, s'écrie-t-il, même « inspiré par la religion, même sanctionné par « la justice, je ne l'aime pas ! » Triste ! oh ! bien triste !

Du reste, l'amour s'est vengé de l'injure faite à sa divinité.

En ce sujet qui a inspiré tant d'autres écrivains, même privés de tout talent, M. Proudhon se trouve bien inférieur à lui-même, et l'on se demande, en le lisant, comment il se peut qu'une force qui anime la nature entière, fait chanter les bêtes et les fait presque parler, produise sur un homme de tant d'esprit un effet tout contraire, éteignant sa verve, faussant sa logique, obscurcissant son jugement, alourdissant sa phrase, altérant son style, qui, dans bien des pages, devient pâteux, hésitant, pénible, embarrassé. Ne serait-ce pas que cette force ne peut agir sur l'intelligence que par les organes du sentiment, et que, si l'amour est un levier capable de soulever le monde, il faut qu'il trouve dans le cœur un point d'appui indispensable ? Or, M. Proudhon ne se doute pas de l'existence de ce point d'appui chez les autres et paraît, pour lui-même, n'en avoir jamais senti le besoin.

Cependant, on ne s'expliquerait pas son parti pris contre l'amour, si l'on ne savait que M. Proudhon voit dans l'amour, comme tout à l'heure dans l'idéal, comme naguère dans la propriété, dans le capitalisme, un obstacle à la réalisation de la justice.

On le voit, l'intention est bonne; mais c'est toujours la même manie.

La propriété est la base de toute société ; mais la propriété a produit l'esclavage et l'usure : supprimons la propriété !

Dieu est l'idéal nécessaire de la conscience

progressive ; mais Dieu ayant été revêtu d'attributs surnaturels qui, en le mettant en dehors des lois morales et de la réalité cosmique, le posent comme un obstacle à l'harmonie et comme une borne au progrès, n'essayons pas de faire naître dans les âmes une conception supérieure de l'idéal : supprimons Dieu purement et simplement, et effaçons-en l'idée de l'esprit et du cœur de l'humanité !

Enfin, l'amour, *par Eve et par Adam*, nous a fait perdre le paradis ; il a causé la perte d'Ilion et n'est pas réductible, le monstre ! aux catégories juridiques : supprimons l'amour !

Voilà des procédés bien simples et à la portée de tout le monde. C'est de la science comme en fait Toinette lorsque, déguisée en médecin, elle conseille à Argan de se faire couper un bras parce qu'il tire à soi toute la nourriture de l'autre, et de se faire crever l'œil droit pour y voir plus clair de l'œil gauche.

« L'espèce humaine, comme toutes les races « vivantes, se conserve par la génération..... Le « concours des sexes, en vue de la génération, a « lieu sous l'influence d'un sentiment particulier « qui est l'*amour*. C'est cet attrait puissant qui, « dans toutes les espèces, où les sexes sont sépa- « rés, pousse le mâle et la femelle à s'unir et à « transmettre leur vie par un orgasme mortel ; de « là ce mot si connu, profond : *L'amour est plus* « *fort que la mort ;* ce qui signifie que l'être qui « a goûté l'amour n'a plus rien à redouter de la « mort, parce que l'amour est la mort même, la « mort en joie : *Euthanasia.* L'amour est donc « l'apogée et la consommation de la vie, l'acte « suprême de l'être organisé ; à tous ces titres, « on peut le définir : *la matière du mariage.* Mais « si le rôle de l'amour dans la génération est « très-apparent, on ne voit pas à quelle fin il est « donné dans la société, dont le principe propre « est la justice. »

Ainsi s'exprime M. Proudhon, parlant de l'amour en termes convenables tant qu'il le considère *naturellement* et en dehors de son idée absolue et exclusive de justice. Mais voici venir la justice, à laquelle il faut tout soumettre. « N'est-elle pas le principe propre de toute so-« ciété? » bien qu'elle ne puisse, hélas! faire longtemps bon ménage avec l'amour; au moins M. Proudhon l'assure : « L'amour, dont nous « venons de parler, dit-il, a sa base dans l'or-« ganisme; il est pur chez les bêtes (*sic*), c'est-à-« dire dégagé de tout sentiment moral ou intel-« lectuel; mais chez l'homme il s'élève à l'*idéal* « par l'excitation de la *beauté!...* » Quel malheur! Écoutez encore :

« L'idéalisme se joint ainsi au prurit des sens, « de plus en plus exalté par la contemplation « esthétique, pour solliciter à la génération « l'homme et la femme et faire de ce couple le « plus amoureux de l'univers. » Et ce n'est pas tout : « En triomphant des répugnances de l'es-« prit, par la beauté nous sommes exposés aux

« séductions de l'idéalisme plus terribles cent « fois que celles de la chair !... » Or, d'après M. Proudhon, par l'idéalisme, source de tous les maux, on tombe dans la promiscuité, dans l'uni-sexualité, dans la sodomie, dans la pédérastie, dans l'hystérie, dans la nymphomanie.....

Et, comme dit M. Purgon, dans la bradypepsie ; de la bradypepsie, dans la dyspepsie ; de la dyspepsie, dans l'apepsie ; de l'apepsie, dans la lienterie ; de la lienterie, dans la dyssenterie ; de la dyssenterie, dans l'hydropisie, et de l'hydropisie, dans la privation de la vie où vous aura conduit votre folie. Et j'ajoute que c'est bien fait.

Cependant, jusqu'ici on avait cru que la beauté ennoblissait l'amour, et que l'attrait sexuel se purifiait par l'idéal. M. Proudhon a changé tout cela. Les bêtes, qui ne connaissent ni la beauté, ni l'idéal, pratiquent réellement la *pureté* dans l'amour. Il faut les prendre pour modèles et nous en rapprocher autant que possible : l'homme altère l'amour et le corrompt en y mêlant ses sentiments intellectuels et moraux qui sont comme les éléments superphysiques de sa nature ; l'idéal, dans l'amour, comme dans le progrès « dégénère fatalement en débauche, et « au lieu de perpétuer la vie sociale, conduit la « civilisation à sa perte. » Heureusement, il existe un remède contre l'*idéal*, c'est la *justice ;* et un remède contre l'*amour*, c'est le *mariage*. — Sainte simplicité !

Nous verrons plus tard ce qu'entend M. Proudhon par le mariage ; écoutons-le encore parler de l'amour, et voyons comment il prétend remédier à l'idéal par la justice :

« L'amour est un mouvement des sens et de « l'âme qui a son principe dans le rut, fatalité « organique et répugnante, mais qui, trans- « figuré aussitôt par l'idéalisme de l'esprit s'im- « pose à l'imagination et au cœur, comme le plus « grand, le seul bien de la vie, un bien sans

« lequel la vie n'apparaît plus que comme une « longue mort... » Un autre aurait dit : l'amour a son principe dans les sens, et se serait fait comprendre tout aussi bien. Mais M. Proudhon préfère toujours le mot le plus grossier; il trouve que cela fait plus d'effet. Il avait cependant, tout à l'heure en commençant cette étude, invoqué l'Esprit-Saint : « Que le séraphin qui « purifia les lèvres du Prophète daigne toucher « aussi les miennes, afin que dans cet érotique « sujet, ma parole reste chaste. » Il paraît que, à défaut de l'Esprit-Saint qui n'a pas voulu se rendre à son ironique appel, il a dû se contenter de l'esprit qui dicta à Voltaire les vers de la *Pucelle*. Mais l'esprit de Voltaire, aux mains rudes de M. Proudhon, semble avoir perdu ses ailes diaprées, et chaussé les sabots, garnis de paille, d'un paysan franc-comtois.

Voyons cependant ce que devient l'amour : « Il est soustrait à la volonté de celui qui l'é- « prouve, il naît spontanément, indélibérément,

« fatalement. Il arrive à notre insu, malgré « nous... » Ceci n'est pas neuf ; mais voici qui l'est davantage : « L'amour, ainsi donné par la « nature et l'idéal et jusqu'à ce que la justice lui « assigne une nouvelle destination, n'a qu'un « but, la reproduction. C'est un drame qui, de « sa nature, ne se joue qu'une fois et dont l'é- « volution se divise en deux périodes opposées, « l'une d'ascension ou de désir, l'autre de satis- « faction ou de décroissance. »

Et d'abord, il n'est pas vrai que l'amour n'ait pour but que la reproduction. Le but de l'a- mour est dans l'amour même, c'est-à-dire dans le bonheur qu'il promet et qu'il donne. On aime pour aimer et non pour faire des enfants. Aimer, c'est agrandir sa vie. Procréer, c'est la limiter en la perpétuant. La reproduction est un fait d'ordre naturel et général et non pas seulement d'ordre humain et individuel. La nature a assuré la reproduction des espèces par le plaisir : l'hu- manité, par l'amour, s'élève bien au delà du plaisir; elle acquiert le MOI multiple ou tout au moins le doublement virtuel de chaque individualité par la sympathie mutuelle, sympathie qui, prolongée, produit l'identification des deux êtres au triple point de vue physique, moral et intellectuel.

M. Proudhon ne comprend pas cela; cependant, il semble en soupçonner quelque chose lorsque, peignant l'amour dans sa phase ascendante, il montre l'âme s'absorbant, se confondant dans la personne de l'objet aimé, rêvant d'une possession continue, inviolable, éternelle. Mais, d'après lui, la possession vient détruire ce que le désir avait fait; et c'est surtout ici qu'il méconnaît l'amour dans son splendide idéal. « Le « cœur ayant joui, dit-il, la chair étant satis- « faite, en vain l'imagination fait effort pour re- « tenir l'âme dans l'extase. La raison s'éveille « et rougit; la liberté au fond de la conscience « fait entendre son rire ironique; le cœur se dé- « tache; la réalité et ses suites, grossesse, ac-

« couchement, lactation, fait pâlir l'idéal. Heu-
« reux alors celui que le besoin de se ressaisir ne
« pousse pas à la haine et au dégoût! »

Halte-là! monsieur. Vous insultez à l'amour des honnêtes gens. Ce n'est pas même la passion et ses phases que vous décrivez, c'est la débauche. Votre amoureux désillusionné n'est pas un type décent; il sort des bras de quelque fille, traînant avec lui l'odeur du vice, honteux de lui-même, dégoûté de sa compagne, la haïssant peut-être, parce qu'il sent qu'il s'est avili, abaissé, amoindri avec elle. Non, monsieur, vous ne comprenez pas l'amour *dans l'humanité*, parce que vous méconnaissez dans l'homme, dans la femme surtout, l'être moral et intellectuel, parce que vous ne voulez voir dans l'être humain que la matière organisée.

Certes, l'attrait qui vient des sens a une grande importance, et l'on peut admettre que ce soit le point de départ de l'amour.

Mais si l'âme tend à s'absorber, à se confondre dans l'objet aimé, ne voyez-vous pas que cette impulsion de la part d'un être intellectuel et moral ne peut être purement animale? Ne voyez-vous pas que le mélange de deux êtres doués d'attributs moraux et spirituels, pour être complet, ne peut s'arrêter à des rapports physiques? Ne voyez-vous pas aussi que si le désir de fusion, d'absorption, est réciproque, il exigera un égal échange de qualités? Ce qui revient à dire que dans ce commerce d'un Moi et d'un Non-moi qui se confondent, sans cesser de se distinguer, il faut admettre, pour que la justice soit respectée et que nul ne soit dupe, une certaine équivalence actuelle ou future, réelle ou idéale des deux êtres. M. Proudhon, qui ne veut pas que l'être humain puisse être représenté par la femme, ne peut introduire dans ses rapports avec l'homme l'idée d'équivalence, ni par conséquent celle de justice. M. Proudhon, qui borne l'amour à une union purement physique, ne peut admettre entre deux êtres de sexe différent, *mais qui se valent l'un l'autre*, cette fusion, ce mélange de leur nature intellectuelle et morale par l'échange de leurs éléments rationnels et artistiques, de leurs qualités de cœur et d'esprit.

Telle est cependant la loi de développement d'une passion sexuelle vraiment normale et conçue dans la plénitude de l'être. Et parce que M. Proudhon ne voit dans la femme que la femelle, dans l'amour que l'excitation des sens, et par là même, ne peut s'élever à l'intelligence de cette loi, faut-il accepter sa critique boiteuse et sa logique inconséquente?

De quel droit cet homme incomplet, ce raisonneur automatique, cet instrument à syllogismes, vient-il condamner l'idéal dans l'amour, quand il ne tient compte dans l'amour que de ce qu'il y a de plus matériel, et partant de moins idéal? — « C'est par la beauté que l'amour entre dans l'idéalisme? » — Oui; mais comme cet idéalisme, dans l'être doué de sentiment et de raison, se contrôle sans cesse par le commerce du cœur et de l'esprit, il ne reste pas soumis exclusivement à l'action des sens plus ou moins surexcités par la beauté physique. Ne le voyons-nous pas maintenu par la bonté, par l'estime, nourri par l'intelligence, renouvelé par la grâce, grandi par l'admiration, exalté par la beauté morale, élevé par la gloire, perpétué en quelque sorte par le dévouement? Certes, l'idéal qui ne s'applique qu'à la beauté de la forme est transitoire et fragile comme cette beauté ou plutôt comme *l'idée* de cette beauté, ce qui est bien plus fragile encore et bien plus transitoire. Mais l'idéal dans l'homme est toujours le reflet de son moi en même temps que l'image de l'objet externe. Il vaut ce que vaut l'homme lui-même, s'élevant comme son esprit, se purifiant comme sa conscience. Il est l'horizon de l'être moral et intellectuel, marchant et s'élargissant devant lui comme marche et s'élargit indéfiniment devant les pas du voyageur l'horizon que son regard embrasse. En un mot, il en est de l'idéal en amour comme de l'idéal en religion. Voulez-vous rectifier, améliorer l'idée de Dieu? Rectifiez l'entendement, améliorez la conscience. Voulez-vous purifier l'amour dans le réel et dans l'idéal? Purifiez le sentiment, éclairez l'intelligence.

Quand il traite de l'amour, comme lorsqu'il parle de Dieu ou de la propriété, M. Proudhon ne voit jamais que l'absolu; il étudie Dieu en soi, la propriété en soi, l'amour en soi. C'est là un résultat de son éducation scolastique, résultat déplorable qui infirme sa logique toutes les fois qu'il essaie de sortir de la négation pure.

Aussi, dans tous ses ouvrages, quelle puissante dialectique dépensée en pure perte! que de vaines et ingénieuses critiques! quelle force et quelle stérilité! que de coups d'épée dans l'eau! que d'ennemis pourfendus qui étaient de simples nuages! quels brillants coups de lance dirigés contre des moulins à vent!

Comment connaître la propriété en soi, quand la propriété n'est qu'un rapport, résultant de la nature des choses, proportionnel au temps, au milieu, à la race, au degré de civilisation, se modifiant, se transformant à mesure que les idées, les mœurs, les besoins, les croyances se transforment et se modifient?

Comment connaître Dieu en soi, si ce n'est par la révélation ?

Et l'amour en soi, quelle idée peut-on s'en faire? L'amour n'est-il pas une loi de l'être, c'est-à-dire un rapport *équivalent à l'état* des individualités qni l'éprouvent ? Purement bestial chez le sauvage, grossier et brutal chez le barbare, mais avec un commencement d'idéalisation, il s'épure et s'élève avec la civilisation dont il est un des plus puissants éléments. Nous pouvons le suivre dans l'histoire, et distinguer ses différentes phases de développement caractérisées par des événements, des institutions ou de grandes individualités. Nous savons ce qu'il était dans l'antiquité, chez les Indiens, les Chinois, les Egyptiens, les Juifs, les Grecs, les Romains; ce qu'il fut chez les Germains et les Gaulois; ce qu'il devint au moyen âge, parmi les chrétiens et les musulmans; ce qu'il est dans nos sociétés modernes. Nous savons tout cela, approximativement, bien entendu, et en tenant compte des mille différences qui peuvent résulter des époques, des circonstances, des caractères. De même, pour l'avenir, nous pouvons, sachant ce qu'il a été dans le passé, ce qu'il est dans le présent, voir l'amour dans un idéal supérieur; mais cet idéal supérieur aura le caractère indéfini de tout ce qui appartient au futur. Il pourra nous sembler parfait, mais d'une perfection toute relative. Ce sera ce que nous pouvons concevoir *actuellement* de meilleur, de plus élevé; mais à mesure que nous avancerons vers cet idéal, vers ce but, nous saurons créer un idéal *plus parfait* et poursuivre un but plus élevé encore. Allez donc chercher l'amour en soi, au milieu de tant de contingences et de relativités! Convenez que l'amour en soi n'est connaissable ni dans le passé, ni dans le présent, ni dans l'avenir, et qu'il ne peut être placé que dans l'absolu, c'est-à-dire dans ce qui n'est pas, dans ce qui ne saurait être.

Sachant que l'amour ne se manifeste que par ses caractères relatifs, contingents, passagers, et persuadés que l'amour comme les autres catégories de l'être progressif se *perfectionne* avec l'être tout entier, quel cas pourrons-nous faire des règles générales et absolues que prétend poser M. Proudhon? Qu'importe qu'après avoir peint l'amour sensuel, le seul qu'il veuille comprendre, il s'écrie : « que l'inconstance en « amour est dans l'ordre même des choses, et « que tout homme, sans exception, l'éprouve! » Qu'importe même qu'il ajoute, par une suprême insulte au cœur humain : « qu'à l'amour pro- « prement dit, la progéniture est odieuse, et « qu'il n'est pas rare de voir les animaux et les « hommes s'en défaire, lorsque leur lubricité

« ingénieuse n'a pas su l'empêcher ! » Ne sont-ce pas là de vains blasphèmes reposant sur de puériles abstractions ? Admettra-t-on qu'il ne puisse y avoir un homme constant en amour, qu'il n'y en a jamais eu et qu'il n'y en aura jamais ? Qu'on ne s'y trompe pas, toute la question est là. Que signifie la règle abstraite, démentie par la pratique? Toute abstraction démentie par le fait concret est fausse, absurde, dangereuse; c'est là le criterium suprême de la logique. « A l'amour proprement « dit. » Qu'est-ce que c'est que ça ? — « A l'a-« mour considéré en lui-même, » à l'amour force aveugle, pile à double courant, tige aimantée, chaîne de métal polarisée à ses points extrêmes, à cet amour qui ne ressemble à rien de vivant, « la progéniture est odieuse. » — En vérité ?— Parbleu ! « Et il n'est pas rare de voir « les animaux et les hommes s'en défaire... » — Comment! les animaux aussi? Est-ce donc l'idéal qui les y détermine ? Heureusement, grand Dieu! pour l'humanité, qu'il s'agit, dans le livre de M. Proudhon, d'amour *fait* sans homme ni femme et de progéniture créée sans père ni mère, dans un monde chimérique qui n'a point d'habitants et n'existe nulle part, *si ce n'est à l'état d'idéal,* dans la boîte osseuse d'un cerveau pétrifié. *Requiescat in pace!!!*

Après avoir montré l'amour considéré en lui-même, c'est-à-dire en dehors des *sentiments humains*, M. Proudhon cherche comment la société s'y prendra pour soumettre cette force à ce qu'il appelle la justice. Je demande la permission de citer textuellement la récapitulation qu'il fait lui-même de ses motifs déterminants; tout le système de M. Proudhon est dans ces deux ou trois pages :

« Devant cette complication d'embarras pro-
« venant soit de la défaillance inévitable de
« l'amour, soit de la faiblesse onéreuse de la
« femme et de la fragilité de ses attraits, soit
« enfin de l'alimentation plus onéreuse encore

« des enfants ; en présence de cette lassitude « inévitable, de ce mécompte humiliant, de cette « dépravation imminente, de cette tyrannie du « plus fort qui attend la femme, de ce péril « qui va frapper une malencontreuse progéni- « ture, on devine quel a dû être, à toutes les « époques, le vœu du cœur humain, et ce qui « a donné naissance à l'institution mystique « du mariage.

« L'amour, on le voudrait réciproque, fidèle, « constant, toujours le même, toujours dé- « voué, toujours dans l'idéal.

« La femme : quelle belle créature, si elle ne « coûtait rien, si du moins elle pouvait se suf- « fire et par son travail couvrir ses frais !

« Les enfants, on s'en consolerait s'ils ne gâ- « taient pas la mère, si l'amour et ses plaisirs « n'y perdaient rien, si plus tard les enfants « pouvaient rembourser les parents de leurs « avances.

« Or, le mariage, dans la spontanéité de

« son institution, a précisément en vue de sa-
« tisfaire à ce triple vœu ; c'est un *sacrement*
« en vertu duquel, 1° l'amour, d'inconstant que
« l'a fait la nature, serait rendu fixe, égal, du-
« rable, indissoluble, ses intermittences adou-
« cies, son réveil plus soutenu ; 2° la femme,
« de si peu de ressources, deviendrait un auxi-
« liaire utile ; la paternité, si coûteuse, serait
« l'extension du moi, l'orgueil de la vie, et la
« consolation de la vieillesse. »

« Le mariage enfin, tel que l'a conçu l'uni
« versalité des législateurs, est une formule d'u-
« nion par laquelle la domination serait donnée
« aux époux sur l'amour, cette fatalité redouta-
« ble née de la chair et de l'idéal ; la femme ac-
« querrait une valeur économique. (J'ai l'espoir qu'un de ces jours, chaque célibataire recevra un prospectus annonçant ce qui suit : « Fourneaux, femmes, marmites économiques et perfectionnés, système P.-J. Proudhon, breveté s. g. d. g. »), et les enfants, seraient

offerts comme une bénédiction et une richesse. »

« Ceci est-il sérieux? » se demande alors M. Proudhon. J'avoue que cela me paraît sérieux. Le mariage, c'est-à-dire l'union de deux personnes qui s'aiment, quelles que soient d'ailleurs les formules du sacrement, est à l'amour ce que le fruit est à la fleur. Quant aux formules, aux modes, aux pratiques extérieures de cette union, elles varient selon les milieux, les temps, les mœurs, selon le degré et la forme des civilisations. Mais le mariage considéré dans sa plus grande généralité, c'est-à-dire comme l'union de deux êtres qui s'aiment et s'associent pour vivre ensemble, n'est pas, comme le suppose M. Proudhon, l'antithèse de l'amour. Les législateurs n'ont jamais entendu en faire le remède de l'amour : succédanée, oui; antidote, non. Il y a une série à la fois logique et naturelle, qui est bien simple et n'engendre aucune contradiction : Amour, mariage, enfants, famille, société... Mais suivons encore M. Proudhon :

« La garantie, dit-il, que le mariage prétend
« offrir contre les défaillances de l'amour, en la
« supposant efficace, en serait la dénaturation :
« elle suppose en effet que l'amour n'aurait pas
« seulement pour objet de servir à la généra-
« tion, qu'il aurait encore une autre fin, soit de
« volupté pure, soit au contraire de moralité :
« deux choses qui, ce semble, également lui ré-
« pugnent. »

Ce n'est pas là raisonner ; c'est escamoter des raisons ; c'est jouer avec des arguments logiques comme un escamoteur joue avec la muscade qu'il fait entrer et sortir de ses gobelets, à l'ébahissement de la foule.

M. Proudhon a dit en effet que l'amour n'avait pour objet que de servir à la génération. Mais qui donc lui a accordé ces absurdes, ces odieuses prémisses ? Non, l'amour n'a pas seulement pour but de servir à la génération, à la propagation de l'espèce ; il a aussi bien d'autres fins, non moins sacrées, non moins importantes. Oui, il a pour fin la volupté; oui, il a pour fin le bonheur dans le fait de paternité et de maternité; oui, il a pour fin la moralisation des individus, le perfectionnement des races et des espèces, le progrès indéfini, l'agrandissement sans fin de l'être; oui, il a toutes ces fins et bien d'autres encore dont vous ne vous doutez pas, pauvre malheureux aveugle qui voulez juger des couleurs!

« Quant à la femme, continue notre logicien « prestidigitateur, le calcul fondé sur sa capacité « productrice, c'est tout ce qu'il y a de plus « faux comme on verra (nous verrons le con- « traire); mauvais associé qui coûte en « moyenne beaucoup plus qu'il ne rapporte, et « dont l'existence ne repose que sur le sacrifice « perpétuel de l'homme.

« Ne parlons pas, de grâce, des fruits de « l'amour; de par la nature qui seule préside à « leur procréation, l'ingratitude est leur lot, j'ai « presque dit leur droit. L'*amour*, dit fort bien « le proverbe, *ne remonte pas.* »

En admettant que les enfants ne rendent pas en tendresse filiale à leurs parents l'amour qu'ils en ont reçu, est-il permis de méconnaître le bonheur que le cœur éprouve à aimer? L'amour, sachez-le, monsieur, trouve sa satisfaction en lui-même. Je ne parle pas seulement de l'amour entre les sexes, mais de tous les genres d'amour et notamment de l'affection paternelle et maternelle. Le père et la mère ont pour leur enfant cette tendresse inépuisable qui n'exige pas de retour. Ce n'est plus de l'égoïsme à deux; mais c'est en même temps de l'amour de soi, pour soi et pour autrui. « Ce que j'aime dans notre enfant, disait une épouse à son mari, c'est toi et moi; mais ce que j'adore en lui, c'est lui-même. »

Je n'ai pas le courage de suivre plus loin M. Proudhon dans son analyse de l'amour et de sa transformation nécessaire par la justice. Qu'il nous suffise de savoir qu'après avoir bien cherché, il ne trouve pas d'autres moyens de soumettre l'amour à la raison juridique que l'institution du mariage. Que dites-vous de la découverte ? C'était bien la peine de faire une si grande dépense de logique et un tel étalage d'érudition ! Nous verrons plus tard que la justice, comme il l'entend, est une suprême injustice, car elle méconnaît l'égalité et supprime l'autonomie de l'un des deux êtres.

Quant au mariage, pour le moment, bornons-nous à en dire que tel que M. Proudhon l'entend, c'est bien, en effet, le tombeau de l'amour.

« Le mariage, dit-il, doit dompter l'amour au « nom de la justice... Le mariage n'est pas « abandonné à l'inclination amoureuse, qui « n'est point écartée, mais que l'on considère « comme étant seulement de second ordre... « La cohabitation suit le mariage ; mais de « même que l'amour qui la rend désirable et « l'embellit, ce n'est qu'un accessoire dont les « époux ont le droit d'user ou de n'user pas, à

« leur convenance commune... L'amour et la « cohabitation ne font pas le mariage et ne lui « sont pas indispensables... »

Tels sont, d'après M. Proudhon, les principes qui ont présidé à l'institution du mariage et qui doivent être maintenus. Nous verrons plus tard ce qu'il prétend y ajouter. Pour le moment, nous voulons nous borner à établir que l'amour en est dûment exclu de par la loi et la justice. Si l'on en doutait, qu'on lise cette petite historiette de famille par laquelle il termine son étude sur le mariage : « J'ai eu le bonheur d'a« voir une mère chaste entre toutes, et malgré « la pauvreté de son éducation paysanne, d'un « sens hors ligne. Comme elle me voyait gran« dir et déjà troublé par les rêves de la jeu« nesse, elle me dit : *Ne parle jamais d'amour à « une jeune fille, même quand tu te proposerais « de l'épouser.*

« Je fus longtemps à comprendre ce précepte « absolu dans son énoncé, et qui proscrivait jus-

« qu'à l'excuse du bon motif. Comment l'amour, « cette chose si douce, pouvait-il être réprouvé « par la bouche d'une femme? D'où tenait-elle « cette morale austère? Jamais, je le déclare, je « n'ai lu ni entendu rien de cette force. Préten- « dait-elle que des époux ne dussent pas s'ai- « mer?... Eh non! Elle avait deviné, par un sen- « timent élevé du mariage ce que l'analyse « philosophique nous a démontré : que l'amour « doit être noyé dans la justice; que caresser « cette passion, c'est s'amoindrir soi-même et « déjà se corrompre; que par lui-même l'amour « n'est pas pur; qu'une fois son office rempli par « la révélation de l'idéal et l'impulsion donnée à « la conscience, nous devons l'écarter, comme le « berger, après avoir fait cailler le lait, en retire « la présure; et que toute conversation amou- « reuse, même entre fiancés, même entre époux, « est messéante, destructive du respect domes- « tique, de l'amour du travail et de la pratique « du devoir social. »

Comment trouvez-vous le lait caillé et la présure? n'est-ce pas que c'est joli? Quant au conseil que M. Proudhon met dans la bouche de sa mère, il n'a pas la portée que celui-ci veut bien lui donner. Des fiancés peuvent en effet ne pas s'entretenir directement de leur amour. Mille correspondances sentimentales s'établissent entre deux personnes qui s'aiment et leur suffisent, au moins comme prélude d'une union prochaine. Mais vouloir que deux êtres qui ont des rapports sexuels ne se disent pas ce qu'ils éprouvent, vouloir que l'esprit et le cœur se taisent quand les sens parlent, c'est faire descendre l'homme au niveau, que dis-je au niveau? au-dessous même de la brute, car la brute chante l'amour avant de se livrer aux transports de ses sens; c'est reproduire en d'autres termes ce honteux sophisme que nous avons déjà eu l'occasion de relever : « *que l'amour est pur chez les bêtes,* « *parce qu'il est dégagé de tout sentiment moral* « *et intellectuel.* » Maintenant, que certaines natures incultes, que certains couples ignorant et grossiers soient assez arriérés pour en être restés à cette pureté bestiale qui fut sans doute le point de départ de l'humanité primitive, nous voulons bien le croire; mais qu'on nous offre un pareil état comme un idéal enviable, qu'il se trouve un écrivain progressiste,

> Au char de la Raison attelé par derrière,

qui soutienne systématiquement de telles monstruosités, voilà ce qui soulèverait l'indignation et le dégoût, si l'on ne savait que ces idées sont trop *capripèdes* pour être prises au sérieux ailleurs que dans la société des faunes, sylvains et satyres de l'un et de l'autre sexe.

LA FEMME

> .... Ce n'est rien,
> C'est une femme qui se noie.
>
> LA FONTAINE.

> Il arriva chez les Yquiariates qu'un mari mécontent de la science culinaire de sa femme, qui d'ailleurs était fort dodue, la tua et la servit à ses amis dans un festin, pour s'indemniser, dit-il, par cette aubaine de l'ennui que lui avait causé son inexpérience en cuisine.
>
> LETTRES ÉDIFIANTES.

Les théories de M. Proudhon sur l'amour sont trop arriérées, trop en dehors du sentiment général, pour qu'elles aient sur nos contemporains quelque puissance de prosélytisme. Ses doctrines sur la femme sont tout autrement dangereuses; elles expriment le sentiment général des hommes qui, à quelque parti qu'ils appartiennent, progressistes ou réactionnaires, monarchistes ou républicains, chrétiens ou païens, athées ou déistes, seraient enchantés qu'on trouvât le moyen de concilier à la fois leur égoïsme et leur conscience en un système qui leur permît de conserver les bénéfices de l'exploitation appuyée sur la force, sans avoir à craindre les protestations basées sur le droit.

Le pouvoir s'impose, parce qu'il est nécessaire ; il ne se maintient qu'en prouvant qu'il est légitime.

M. Proudhon a essayé d'établir que la subordination de la femme est basée sur la nature, et il a tenté de construire *un ordre* qui maintînt cette subordination, une justice qui la sanctionnât. Il a voulu perpétuer le règne de la force en la légitimant; c'est là son crime.

Ce crime est irrémissible.

Il l'est, dès maintenant, aux yeux de toute femme ayant conscience de *sa valeur morale, de sa personnalité, de son autonomie naturelle.* Dieu aidant, — et la femme aussi, — il le sera bientôt aux yeux de l'humanité pensante de l'un et de l'autre sexe.

M. Proudhon affirme, sans hésitation, *l'infériorité physique, intellectuelle et morale de la femme.* C'est beaucoup dire. Examinons.

Et d'abord, l'infériorité physique : « Sur ce « point, dit-il, la discussion ne sera pas lon« gue; tout le monde passe condamnation. »

Pas si vite, s'il vous plaît, monsieur; avant d'aller plus loin, il serait bon de s'entendre.

Si M. Proudhon, en comparant la femme à l'homme au point de vue physique, entend parler uniquement de la force musculaire, il est probable, en effet, que tout le monde passera condamnation, c'est-à-dire que chacun avouera que généralement parlant, l'homme, devant le dynamomètre, est supérieur à la femme. Mais il faut être aveugle ou borgne tout au moins, et ne voir les choses que d'un côté pour n'apercevoir dans le corps humain que la force. N'y a-t-il pas aussi la grâce, la beauté? Or, si l'homme, comme force physique, est à la femme comme 3 est à 2, à son tour, la femme, M. Proudhon en convient plus loin, comme beauté des formes, est à l'homme comme 3 est à 2. Il y a donc, physiquement, compensation ; nous pourrions ajouter que la femme a son genre de force comme l'homme a le sien, et que si l'homme, par la grosseur de ses muscles et l'épaisseur de ses os, l'emporte sur la femme, quand il s'agit de soulever ou de soutenir des fardeaux, la femme, par la prédominance des fluides, l'élasticité plus grande de sa fibre et la disposition de son appareil nerveux, l'emporte sur l'homme en force résistante. Elle plie et ne rompt point. Quel est l'hercule qui supporterait, sans s'y briser, les efforts de l'enfantement ?

Mais, après tout, que signifie cette inégalité sociale basée sur l'inégalité de la force ? Est-ce que depuis l'invention de la poudre, il y a des forts qui puissent imposer leur volonté et des faibles qui soient obligés de la subir ? Tous les hommes ne sont-ils pas égaux devant le pistolet, et *Hobbes*, adorateur de la force comme M. Proudhon, n'a-t-il pas cent fois raison lorsqu'il dit que la femme est l'égale de l'homme, puisqu'elle peut toujours le tuer ?

Tout ce que dit M. Proudhon de la *masculinité* de la force n'est pas sérieux et ne prouve rien d'ailleurs, si ce n'est son penchant pour une technologie physiologique qui frise l'obscénité. Etablir la supériorité de l'homme sur les fonctions sexuelles qu'il remplit revient à dire que la femme est moins que l'homme nécessaire à la propagation de l'espèce. M. Proudhon ne recule pas devant cette énormité renouvelée des Grecs.

« L'être humain, dit-il, complet, adéquat à sa « destinée, je parle du physique, c'est le mâle « qui, par sa virilité, atteint le plus haut degré « de tension musculaire et nerveuse que comportent sa nature et sa fin, et par là, le maximum « d'action dans le travail et le combat.

« La femme est un diminutif d'homme à qui « il manque un organe pour devenir autre chose « qu'un éphèbe. »

Ceci n'est qu'impertinent, je passe sur ce qui est grossier ; voyons ce qui est sérieux :

« Partout éclate la passivité de la femme, « sacrifiée, pour ainsi dire, à la fonction ma- « ternelle : délicatesse de corps, tendresse « de chairs, ampleur des mamelles, des han- « ches, du bassin, jusqu'à la conformation « du cerveau. »

Oui, sans doute, la nature, avant tout reproductrice et conservatrice des espèces, a fait la femme *pour la maternité*, comme elle a fait l'homme pour la féconder et la défendre. Mais l'humanité a aussi sa création; c'est elle qui, dans son développement progressif, fait l'être social et lui donne des qualités nouvelles. Socialement la femme acquiert, comme l'homme, des forces, des puissances qu'elle n'avait pas. L'un et l'autre ne se bornent pas, comme les êtres inférieurs, à assurer par leurs rapports sexuels la perpétuation de leur espèce ; la nature y a suffisamment pourvu. Ils ont bien d'autres choses à faire, bien d'autres rapports à établir, bien d'autres forces à développer; et pour toutes ces fonctions, comme pour celle de la génération, je dis que les deux sexes sont nécessaires ; je le prouverai plus loin.

Tel n'est pas l'avis de M. Proudhon : « En « elle-même, dit-il, je parle toujours du phy-« sique, la femme n'a pas de raison d'être ; c'est « un instrument de reproduction qu'il a plu à « la nature de choisir de préférence à tout au-« tre moyen, mais qui serait de sa part une « erreur, si la femme ne devait retrouver d'une « autre manière sa personnalité et sa fin.

« Or, quelle que soit cette fin, à quelque « dignité que doive s'élever un jour la per-« sonne, la femme n'en reste pas moins, de ce « premier chef, de la constitution physique et « jusqu'à plus ample informé, inférieure devant

« l'homme, UNE SORTE DE MOYEN TERME ENTRE « LUI ET LE RESTE DU RÈGNE ANIMAL. »

La nature coupable d'erreur lorsqu'elle a créé la femme! Il paraît que M. Proudhon aurait trouvé mieux que cela. Décidément cet homme devient dieu !

N'aurait-elle pas pu trouver un autre moyen de reproduction ? nous dit-il après Euripide. Ceci n'est pas neuf; nous avons entendu des pîtres forains répéter dans leur *boniment* ces plaisanteries du théâtre grec, en les assaisonnant de gros sel. On en rit encore quelquefois; mais qu'est-ce que cela prouve ? Ce qui prouve davantage, c'est le trait de la fin. Il est évident que si la femme, *inférieure devant l'homme, n'est qu'un moyen terme entre lui et le reste du règne animal*, une espèce ambiguë reliant le singe à l'homme ou l'homme au singe, comme on voudra, c'est en vain qu'elle viendrait réclamer justice. Il n'y a de justice qu'entre les égaux. Elle sera éternellement condamnée à servir l'homme, à moins que celui-ci ne préfère la manger quelquefois.

Mordieu! messieurs, savez-vous qu'on aurait bien ri autrefois en France, au temps de Molière et de Voltaire, quand il y avait encore du bon sens, d'un monsieur qui serait venu débiter de pareilles sornettes? Qu'est-ce que cela signifie : « Inférieure devant l'homme! » Elle lui sera inférieure le jour où il aura appris à s'en passer ; jusque-là, elle sera tantôt l'esclave, tantôt la maîtresse, puisqu'il n'en veut pas comme associée.

Mais ce qui suit est encore plus fort : « La « femme un moyen terme entre l'homme et le « singe. » Singe vous-même, auraient dit nos grands-mères à M. Vadius ; une espèce se compose ordinairement du mâle et de la femelle, et ne peut, en tant qu'espèce, se considérer abstractivement de l'un ou de l'autre terme.

Si la femme est le lien qui rattache l'espèce humaine à l'espèce simienne, elle cesse donc d'appartenir à l'espèce humaine qui ne sera plus représentée que par son mâle; mais alors que devient l'espèce?...

Je suis vraiment honteuse, pour le lecteur, d'avoir à lui signaler de pareilles naiseries; mais M. Proudhon a une telle réputation de logicien, qu'on est obligé de prendre au sérieux même ses coq-à-l'âne.

C'est d'ailleurs sur ces coq-à-l'âne qu'il va essayer de fonder le droit.

« La femme, dit-il, inférieure à l'homme en « force physique, lui est inférieure au point de « vue de la production.

« Le rapport numérique 3 : 2 indique encore « à ce point de vue le rapport de valeur entre « les sexes; conséquemment la répartition des « avantages, à moins, je le répète, qu'une in- « fluence d'une autre nature n'en modifie les « termes, doit être toujours dans cette propor- « tion, 3 : 2.

« Voilà, continue M. Proudhon, ce que dit la « justice qui n'est autre que la reconnaissance

« des rapports, et qui nous commande à tous, « hommes et femmes, de faire à autrui comme « nous voudrions qu'il nous fît lui-même, si « nous étions à sa place.

« Qu'on ne vienne donc plus nous parler du « *droit du plus fort*, ce n'est là qu'une misérable « équivoque, à l'usage des émancipées et de « leurs collaborateurs. »

Pauvre M. Proudhon! il en entendra parler encore longtemps du droit du plus fort, et il en souffrira lui-même, comme il veut que les autres en souffrent. Il cherche la base du droit dans la supériorité de la force et il ne veut pas qu'on le lui dise!

Lors même que l'homme produirait plus que la femme, cela ne prouverait rien devant la justice, rien par rapport au droit naturel, rien encore au point de vue humain. Parce qu'un homme produit plus qu'un autre, en est-il plus homme pour cela? M. Proudhon ne le dit pas; mais il essaye d'établir qu'il est *plus* citoyen, et doit avoir *plus* d'importance politique : ainsi, telle race d'hommes, qui produit 3 contre telle autre qui produit 2, doit peser dans le gouvernement comme 3, tandis que l'autre pèsera comme 2, c'est-à-dire commander à l'autre. Il en est ainsi, dit-il, pour la femme ; donc, *de par la force*, au combat, à l'atelier, au forum, la prépondérance est acquise au sexe fort, dans la proportion de 3 contre 2, ce qui veut dire que l'homme sera le maître et que la femme obéira. *Dura lex, sed lex !*

D'abord, il n'est pas vrai que ceux qui produisent le plus soient ceux qui pèsent le plus sur le gouvernement. Je me rappelle avoir entendu dire à un législateur de l'antiquité : « Pendant qu'ils travaillent pour nous, nous « légiférons pour eux ; » parlant ainsi de ceux qui produisent la richesse matérielle, ce qui prouve bien que produire et gouverner sont deux fonctions qui n'ont rien de commun entre elles. Mais, en tout cas, confondre le produit avec le droit me paraît œuvre très-illogique, soit qu'on la tente contre la femme ou pour le prolétaire.

Si la femme produit moins à l'atelier, elle touchera moins, elle consommera moins ; la même inégalité existe dans toutes les classes de travailleurs. La question de justice n'est pas là; elle sera dans la libre disposition des produits; elle sera dans la liberté que vous lui assurerez de consommer la *valeur* qu'elle a créée. Si elle réclame autre chose au nom de la justice, elle a tort. Mais prenez garde, cette liberté du travail, cette sécurité de production qu'elle vous demande au nom de la justice, si vous la lui refusez, elle la remplacera par la pratique d'une oisive consommation qu'elle vous imposera par l'amour ou par ce qui y ressemble, et vous aurez cette lèpre des toilettes, ce luxe des chiffons qui vous ruine, messieurs les *entreteneurs*, et qui vous démoralise de plus en plus, mesdames les *entretenues!*

M. Proudhon, entrant dans la pratique, — quelle pratique! — essaye de prouver que la femme est tellement empêchée par les charges mêmes de la sexualité, qu'il ne lui reste presque aucun temps pour le travail productif : « Sans « parler de ses ordinaires qui prennent 8 jours « par mois, 96 jours par an, il faut compter « pour la grossesse 9 mois, les relevailles « 40 jours, l'allaitement 12 à 15 mois, soins « à l'enfant, à partir du sevrage, 5 ans ; en « tout, 7 ans pour un seul accouchement ; « supposant 4 naissances à 2 années d'in- « tervalle, c'est 12 ans qu'emporte à la femme « la maternité ! »

Qu'il faut être à bout de raisons pour en inventer de cette force ! M. Proudhon a prévu qu'on se récrierait sur ses comptes. « Il ne faut « point ici chicaner et marchander, » a-t-il soin d'ajouter. Non, monsieur ; vous voulez qu'on vous passe vos exagérations et qu'on ferme les yeux sur vos maquignonnages. Soit ; on payera même vos écritures, quoique nous n'en ayons que faire. C'est cependant d'après ce calendrier de petite-maîtresse que vous allez conclure : « que la femme par sa faiblesse organique et la « *position intéressante* où elle ne manquera pas « de tomber, pour peu que l'homme s'y prête, « est fatalement et juridiquement exclue de « toute direction politique, administrative, doc- « trinale, industrielle. »

Mais qu'importe ! nous vous rattraperons sur autre chose.

— *L'infériorité intellectuelle* de la femme vient, d'après M. Proudhon, de la faiblesse de son cerveau, comme son infériorité physique vient de la faiblesse de ses muscles.

« La force physique, dit-il, n'est pas moins « nécessaire au travail de la pensée qu'à celui « des muscles ; de sorte que, sauf le cas de ma- « ladie, la pensée, en tout être vivant, est pro- « portionnelle à la force. »

A ce compte, un portefaix sera un plus *fort* penseur qu'un philosophe ; décidément, le Dieu de M. Proudhon est le dynamomètre.

Mais voici bien autre chose :

« Si la faiblesse organique de la femme, à « laquelle se proportionne naturellement le tra« vail du cerveau, n'avait d'autre résultat « que d'abréger dans sa durée l'action de l'en« tendement, la qualité du produit intellectuel « n'étant pas altérée, la femme pourrait parfai« tement, sous ce rapport, se comparer à « l'homme; elle ne rendrait pas autant, elle ferait « aussi bien, la différence purement quantitative, « n'entraînant qu'une différence de salaire, ne « suffirait peut-être pas pour motiver une dif« férence dans la condition sociale. »

A la bonne heure, voilà qui est mieux raisonné; malheureusement, cela se gâte.

« Or, c'est précisément ce qui n'a pas lieu ; « l'infirmité intellectuelle de la femme porte « sur la qualité du produit, autant que sur l'in« tensité et sur la durée de l'action ; et comme « dans cette faible nature, la défectuosité de l'i« dée résulte du peu d'énergie de la pensée, on

« peut dire que la femme a l'esprit essentielle-
« ment faux, d'une fausseté irrémédiable. »

C'est là ce qu'il faudrait prouver. M. Proudhon ne le prouve point. Il cite Kant, Hegel et Gœthe, puis des mots empruntés à quelques femmes qui ne prouvent absolument rien sur la question et dont les noms sont, au contraire, d'éloquentes protestations contre l'infirmité prétendue de l'intelligence féminine.

Que M. Proudhon prouve que la femme a l'esprit faux, radicalement faux, et je passe condamnation pour tout le reste.

Mais s'il est incontestable que la femme puisse arriver au vrai, qu'importe la route par laquelle elle y arrive ? Elle raisonne autrement que M. Proudhon, c'est possible ; mais elle sait, comme lui, éclairer et convaincre ; je prétends même qu'elle saura le redresser quand il s'égare, et le rectifier quand il se trompe, ce qui ne lui arrive que trop souvent. Après cela, qu'il nous jette à la tête que, de l'aveu de Daniel Stern, « la femme n'arrive à l'idée que par la passion,» que nous importe ! pourvu qu'elle y arrive. Bien plus, je dis que c'est là ce qui fait sa force et ce qui montre l'utilité de son intervention dans la logique mâle ; elle y introduit le plus souvent un élément qui lui manquait, l'élément sentimental qui n'est pas moins nécessaire que l'élément purement rationnel, dans toutes les questions qui intéressent la société, l'homme ou même la nature.

Mais là où M. Proudhon est vraiment original, là où il triomphe, c'est dans la théorie de la résorption des germes. Il y revient avec complaisance pour établir l'infériorité intellectuelle de la femme. Nous ne le suivrons pas sur ce terrain ; mais nous citerons un mot d'un médecin de nos amis, physiologiste distingué, qui, après avoir lu cette théorie de la résorption des germes, nous disait : « M. Proudhon me fait l'effet d'avoir appris la physiologie là où M. de Pourceaugnac avait étudié la judiciaire, dans les romans. » Incapable d'apprécier par moi-même, je m'en tiens, sur ce point, au jugement du docteur. Qu'il suffise au lecteur de savoir que, d'après notre adversaire, la femme, ne possédant pas de germe, la résorption des spermatozoïdes ne peut se faire dans le cerveau. Dès lors, le cerveau n'est pas fécondé chez la femme. C'est ce qui fait que les universaux lui échappent. Elle ne sait pas abstraire. « Capable jus- « qu'à un certain point d'appréhender une « vérité trouvée, elle n'est douée d'aucune ini- « tiative ; elle ne s'avise pas des choses, son in- « telligence ne se fait pas signe à elle-même, « et sans l'homme qui lui sert de révélateur, « de verbe, elle ne sortirait pas de *l'état bes- « tial.* »

Tout cela est très-joli, au moins comme imagination ; mais comme logique, c'est écrasant !

« Concluons maintenant, dit M. Proudhon. « Puisque, d'après tout ce qui précède, l'in- « telligence est en raison de la force, nous re-

« trouvons ici le rapport précédemment établi, « savoir : que la puissance intellectuelle étant « chez l'homme comme 3, elle sera chez la « femme comme 2.

« Et puisque dans l'action économique, po- « litique et sociale, la force du corps et celle « de l'esprit concourent ensemble et se mul- « tiplient l'une par l'autre, la valeur physi- « que et intellectuelle de l'homme sera à la va- « leur physique et intellectuelle de la femme « comme 3×3 est à 2×2, soit 9 à 4. »

Ainsi, la force, toujours la force ! c'est le signe du salut. Les prétoriens pensaient de même lorsqu'ils choisissaient pour empereur le géant Maximin, parce qu'il était plus fort qu'un cheval ; demain vous choisirez Arpin ou Rabasson ; pourquoi pas le cheval de Caligula ? pourquoi pas la machine à vapeur qui représente une somme de force bien autrement considérable ?

Passons à un autre excercice : l'infériorité morale de la femme. Elle n'est as moins démontrée que les deux précédentes. Écoutez l'oracle :

« Non, la femme considérée sous le rapport de « la justice et dans l'hypothèse de ce qu'on ap- « pelle son émancipation, ne serait pas l'égale « de l'homme. Sa conscience est plus débile de « toute la différence qui sépare son esprit du « nôtre ; sa moralité est d'une autre nature. Ce « qu'elle conçoit comme bien et mal n'est pas « identiquement le même que ce que l'homme « conçoit lui-même comme bien et mal ; en « sorte que, relativement à nous, la femme peut « être qualifiée *un être immoral*... De là encore « cet instinct de subordination qui se traduit si « facilement chez la femme en aristocratie, puis- « que l'aristocratie n'est autre chose que la su- « bordination considérée par le sujet qui, du bas « de l'échelle, est monté au sommet... Par « sa nature, la femme est dans un état de démo- « ralisation constante, toujours en deçà ou au « delà de la justice ; l'inégalité est le propre de

« son âme... La domesticité lui est aussi moins « antipathique ; à moins qu'elle ne soit corrom- « pue ou émancipée, loin de la fuir, elle la re- « cherche, et remarquez encore qu'à l'encontre « de l'homme, elle n'en est point avilie... Ce que « la femme aime par-dessus tout et adore, ce sont « les distinctions, les préférences, les privilé- « ges... Qu'est-ce que la justice pour un cœur « de femme ? De la métaphysique, de la mathé- « matique... La femme veut des exceptions, « elle a raison : elle est infirme et les exceptions « sont pour les infirmes. De même que les idées « et la justice, c'est encore par l'homme que la « pudeur vient à la femme... La pudeur est une « vertu civile... d'elle-même, la femme est im- « pudique ; si elle rougit, c'est par crainte de « l'homme. »

J'en passe et des meilleurs ; enfin, M. Proudhon se résume en ces termes : « *La femme est « une réceptivité* : de même qu'elle reçoit de « l'homme l'embryon, elle en reçoit l'esprit et

« le devoir... Inférieure à l'homme par la cons-
« cience autant que par la puissance intellec-
« tuelle et la force musculaire, la femme se
« trouve définitivement, comme membre de la
« société tant domestique que civile, rejetée sur
« le second plan; au point de vue moral comme
« au point de vue physique et intellectuel, sa
« valeur comparative est encore comme 2 à 3.
« Et puisque la société est constituée sur la
« combinaison de ces trois éléments, travail,
« science, justice, la valeur totale de l'homme
« et de la femme, leur rapport et conséquem-
« ment leur part d'influence, comparés entre
« eux, seront comme $3 \times 3 \times 3$ est à $2 \times 2 \times 2$
« soit 27 à 8. »

Telles sont les idées de M. Proudhon sur la femme. On voit qu'il était difficile de la mettre plus bas. Eh bien, avec tout cela M. Proudhon prend des airs de chevalier et essaye de se faire passer pour le *défenseur des belles*. Après avoir tout refusé à la femme au nom du droit et de la justice, il va, au nom de la famille et de ce qu'il appelle la religion, lui offrir le plus beau sort du monde; en attendant, il a dû lui parler de sa plus grosse voix, de façon à rappeler le loup répondant à la cigogne qui lui réclame son dû :

Quoi! ce n'est pas encor beaucoup
D'avoir de mon gosier retiré votre cou !
Allez, vous êtes une ingrate,
Ne tombez jamais sous ma patte.

Eh bien ! non, monsieur le loup, nous voulons justice et non pas faveur. Nous l'obtiendrons de vous-même, ou tout au moins de vos semblables; nous la refuserez-vous, lorsque nous vous aurons démontré, non-seulement que l'équité exige que vous nous accordiez notre dû, mais que votre intérêt le plus pressant l'ordonne, et que votre salut et le nôtre, le salut social, vous en font une loi.

J'aurais pu, vous suivant pas à pas, signaler

vos paralogismes et vos nombreuses contradictions. C'eût été de la petite guerre.

Je tiens bien moins à vous battre qu'à vous convaincre ; vous guérir, car vous êtes malade, voilà mon vœu le plus ardent. Laissez-m'en l'espoir. En tout cas, faire effort pour que d'autres qui partagent vos manières de voir sur les femmes soient guéris, et pour que ceux qui seraient disposés à les prendre soient préservés de la contagion, tel est mon devoir. Il m'a semblé que, pour le remplir, ce qu'il y avait de mieux à faire, c'était bien moins de réfuter vos arguments qui valent bien peu par eux-mêmes, que de montrer résolu le problème que vous avez posé, mais que vous n'avez pas su résoudre : « *La justice dans la société pour la femme comme pour l'homme.* » Je l'essayerai en quelques pages et n'invoquerai ni l'ange de l'éloquence, ni le séraphin de la théologie; mais, convenant de mon impuissance à saisir les universaux et à distiller les abstractions, je m'adresserai au simple bon sens et tâcherai d'en parler le vulgaire langage.

S'il est des philosophes qui ne comprennent plus cette langue, je compte sur vous, monsieur Proudhon, pour la leur traduire en beau style métaphysique, *entrelardé* de grosses poissardises propres à tenir leur grave cerveau en éveil, comme maintiennent et excitent l'appétit, les épices et condiments dont un habile cuisinier sait assaisonner ses sauces.

M. Proudhon se propose d'élever, par la collectivité conjugale, l'individualité féminine à la hauteur du sexe fort. « Vous verrez tout à l'heure, « dit-il, la femme parvenir *des impuretés de* « *sa nature* à une transparence incomparable. »

Ainsi, pour M. Proudhon, élevé dans les préventions d'un mythe suranné, la femme est toujours la source du mal et la mère de l'impureté.

O Nazaréen incorrigible!

Laissons les fables et les symboles. Examinons l'histoire de l'humanité dans son développement positif.

Sans remonter à une question d'origine, si nous prenons l'être humain quand il commence à s'affirmer, à se connaître, nous le voyons mâle et femelle, comme toutes les espèces, et les deux sexes nous apparaissent doués de qualités différentes, sans doute, mais se valant au point de départ.

La femelle du gorille ou du gibbon n'est guère moins forte que le mâle et celui-ci n'est guère moins beau que sa compagne. D'Adam à Ève la différence n'est pas plus grande (1).

Cependant, les premières sociétés n'ont pu se fonder que sur la force. C'est, au commencement des sociétés que la prédominance de

(1) Avouez que vous aviez tous deux
Les ongles longs, un peu noirs et crasseux,
La chevelure assez mal ordonnée,
Le teint bruni, la peau bise et tannée (*).

(*) Voltaire, *le Mondain*.

l'homme est la plus absolue, parce que la force est l'élément indispensable d'un établissement social qui commence.

Mais lorsque la société est fondée, lorsque les obstacles externes, conjurés par une force interne solidement établie, permettent à l'organisme social de se développer, les autres facultés humaines se montrent et demandent satisfaction. Car l'être social n'est pas seulement une force organisée, il est aussi intelligence et sentiment. Après avoir assuré son existence, il veut l'agrandir et la développer. Il a des organes intellectuels et moraux, il faut que la société ait aussi des organes correspondants.

Individuellement, il est amour, il est conscience, il est justice, il est idée. Socialement, il faut que la société faite à son image soit tout cela.

Toute la loi du progrès de l'humanité est dans cette multiplicité des besoins humains, exigeant des besoins sociaux qui leur correspondent.

Osez dire que ces organes sociaux commençant à la famille, se développant par la tribu, par la cité, par l'église, par la patrie et grandissant de manière à devenir internationaux, humanitaires, universels, se créent et se développent sans la femme et en dehors de son influence !

Non; dans cette création, comme dans toutes les autres, les deux sexes sont nécessaires. La femelle seule ne peut rien féconder, le mâle seul ne peut rien produire.

Toute institution sociale résulte de la combinaison de la force, élément mâle, avec l'amour qui a les deux sexes et avec la beauté, élément féminin; et cette combinaison est toujours déterminée par un idéal vrai ou faux, exact ou trompeur de justice.

La prédominance de la force sur la beauté, quand ce n'est pas un fait transitoire et révolutionnaire, est un signe de barbarie; la prédominance de la beauté sur la force, quand ce n'est pas un fait religieux et palingénésique, est une preuve de corruption.

L'idéal social, c'est la réalisation de la justice par la combinaison de la force et de la beauté unies par l'amour.

Mais sortons des abstractions et des aphorismes, puisque aussi bien, en notre qualité de femme, nous devons y être impropre, et examinons les faits.

Il suffit de jeter un coup d'œil sur l'histoire pour reconnaître que la civilisation d'un peuple est proportionnelle au rôle de la femme chez ce peuple, à son influence, à sa dignité morale ; plus une société se civilise, plus la femme y acquiert de la valeur et de la considération. De telle sorte qu'on peut dire, si l'on considère une société dans l'histoire, que le degré d'élévation de la femme donnera la mesure du degré de civilisation que cette société a atteint. Un peuple peut être très-civilisé et porter en son sein le prolétariat, le paupérisme, voyez l'Europe moderne ; l'esclavage même, voyez l'Amérique ; il ne peut être civilisé si la moitié de l'espèce humaine est en dehors de la vie sociale.

Bien plus, chez toute nation, chez toute race où la femme est isolée du mouvement social, renfermée dans le harem, dans le gynécée, tenue dans l'ignorance des choses de la patrie et de l'humanité, le progrès proprement dit, le progrès spontané, autonome, est impossible. De telles nations sont condamnées, comme les Turcs, comme les Arabes, à être absorbées par d'autres ou à périr.

Qu'on le sache bien, la société n'est progressive que lorsque l'influence de la femme peut s'y faire sentir, lorsque la femme concourt, au moins indirectement, à sa législation, à ses mœurs, à ses croyances. Si la civilisation peut être regardée comme l'*amortissement* de la force, c'est à la femme qu'on le doit.

La sauvagerie, c'est la force dans toute sa réalité. Là, le mâle domine d'une manière absolue. L'homme porte les armes, ou plutôt il ne porte rien du tout. La femme y remplit toutes les fonctions serviles, même celles de bête de somme. L'homme chasse, lutte, combat, délibère, gouverne et fait justice. La *sauvagerie* est, sans contredit, la plus longue étape de l'humanité. Que de nations, que de races n'en sont jamais sorties et s'y sont éteintes !

La barbarie est un premier pas fait en dehors de la force pure. L'élément féminin y compte pour quelque chose ; l'influence de la femme s'y fait indirectement sentir. L'homme est sensible à la beaûté et lui rend un certain hommage. Des lois se font, des usages s'établissent qui protégent la femme au moins comme épouse et comme mère. La force a déjà cessé de régner exclusivement sur le monde. Le progrès est possible.

Partout où l'homme, déterminé par la race, le sol, le climat, a senti la beauté, la civilisation a été florissante. Le culte de la beauté a valu à la femme son influence sur le génie grec, et a amené chez les Athéniens ce splendide épanouissement de l'art que nous admirons encore aujourd'hui et qui, après plus de deux mille ans, nous guide et nous éclaire. Et cependant, même en Grèce, l'influence de la femme a été indirecte et éloignée, plutôt symbolique que réelle, plutôt religieuse que politique.

L'humanité s'est toujours obstinée à marcher d'un seul pied, à regarder d'un seul œil, quand la nature lui avait donné deux pieds pour marcher en avant, deux yeux pour fixer son but et embrasser son horizon.

L'histoire de l'humanité existe-t-elle? C'est l'histoire des mâles dans l'humanité qu'il faudrait dire. Aussi, qu'y a-t-il dans cette histoire? Des batailles, des massacres, des flots de sang; oppression, injustices, trahisons, reculades, révolutions stériles, réactions honteuses, et au milieu de tout cela quelques lueurs inspirées par l'amour, le dévouement, l'esprit de charité, de paternité, de miséricorde, esprit qui a son culte et son refuge chez la femme, chez la femme qui n'a presque point de rôle dans l'histoire.

En effet, la femme, nous dit-on, existe à peine dans l'histoire; et l'on se sert de cet argument contre elle. Son absence de l'histoire équivaut à un brevet d'incapacité.

Nous ne voulons pas nous prévaloir de quelques grandes individualités féminines qui sont comme des jalons plantés sur la route du progrès, pour montrer que l'homme n'était pas seul quand l'humanité a passé par là.

J'avoue que la femme existe à peine dans l'histoire, et c'est là le crime de la force qui, ayant régné presque exclusivement jusqu'ici, n'a donné à l'élément féminin que la place la plus petite possible. Tant que la société a pu se considérer comme étant dans un état embryonnaire ou de formation, les fonctions sociales de la femme y ont été difficiles à déterminer, et son rôle, joué dans l'ombre, n'a occupé qu'une très-petite place dans les pages de l'histoire. Mais il doit être permis de se demander si, dans l'organisme social tel qu'il est aujourd'hui, les fonctions ne doivent pas être partagées en deux grandes divisions. En un mot, n'y a-t-il pas dans l'humanité considérée comme un être collectif des organes mâles et des organes femelles? et cette distinction ne doit-elle pas se retrouver dans toute société, dans toute collectivité une et multiple, comme l'est un peuple, une nation ?

Qu'on ne s'y trompe pas, toute la question est là.

En effet, s'il existe dans la société politique, économique, artistique, des fonctions qui soient propres aux femmes, les femmes devront être considérées comme des individualités sociales aussi bien que les hommes. Dès lors, ce n'est plus du mâle qu'elles recevront leur valeur, comme le zéro reçoit la sienne du chiffre qui le précède. Elles n'auront plus seulement leur importance dans la famille, la seule que M. Proudhon leur reconnaisse, elles seront de droit et *ipso facto* membres de la société civile. Cessant d'exister uniquement à l'état de reflet ou de *réceptivité*, selon l'élégante expression du maître, elles s'affirmeront comme activité, comme liberté, comme virtualité, comme autonomie ; et dès lors la question d'égalité ou d'inégalité cesserait d'en être une. La femme pouvant être déclarée supérieure à l'homme dans les fonctions propres à son sexe, comme l'homme pourrait l'être dans les fonctions attribuées au sien, il n'y aurait plus entre les deux sexes qu'une question d'équivalence fonctionnelle. On pourrait se demander si les fonctions du sexe fort sont supérieures ou inférieures à celles du beau sexe ; mais la question serait résolue en même temps que posée, toutes les fonctions sociales ayant devant la société la même valeur et la même importance. Dans un concert, qui ne vaut que par l'accord de toutes les parties, se demande-t-on s'il en est de plus importantes les unes que les autres ? Supprimez une seule des parties, il n'y a plus concert, il n'y a plus harmonie. N'oublions donc jamais qu'au point de vue de l'ensemble, c'est-à-dire au point de vue social, toutes les fonctions vraiment sociales ont la même valeur et sont positivement égales, et n'imitons pas M. Proudhon qui, attribuant l'esprit d'invention exclusivement à l'homme, tandis qu'il accorde à la femme l'esprit de vulgarisation, veut que ce soit là, pour le sexe masculin, un titre de supériorité sur le sexe féminin, comme si la société n'avait pas tout autant besoin de ceux qui vulgarisent que de ceux qui inventent, de ceux qui, par talent ou par sentiment, font comprendre telle vérité, que de ceux qui l'ont découverte par hasard ou par génie.

J'affirme donc que dans une société bien organisée, il est des fonctions mâles et des fonctions femelles, et j'ajoute que celles-ci ne sont ni moins nombreuses ni moins importantes que celles-là.

Et quand je dis les fonctions, j'entends à la

fois ce qui concerne les métiers, les arts, les sciences et l'administration proprement dite.

En voulez-vous quelques exemples ?

En ce qui concerne les métiers, j'en vois qui conviennent aux femmes, comme il en est qui conviennent aux hommes. Ainsi, tandis que ceux qui exigent de la force doivent rester l'apanage du sexe fort, ceux qui demandent du goût, du tact, de l'adresse, doivent être autant que possible attribués au sexe faible. Les métiers de maçon, de charpentier, de menuisier, de serrurier, sont évidemment des métiers mâles ; mais ceux de couture, de commerce au détail, ceux de modiste, de fleuriste, sont certainement des métiers femelles, et il en est une foule d'autres que l'on pourrait, sans inconvénient, joindre à ces derniers, à mesure que les machines les transforment et les féminisent *en les égalisant.*

Je sais qu'il existe un terrible argument contre le travail de la femme ; mais cet argument je ne veux pas le reproduire, parce que je ne pourrais y répondre qu'en abordant d'une part la question de prostitution, de l'autre celle du salariat, et que je ne peux pas traiter ici ces deux très-grandes et très-brûlantes questions. Ce n'est pas indispensable d'ailleurs à l'œuvre que j'ai entreprise.

Si je passe des métiers proprement dits à des fonctions plus générales, je vois l'intervention de la femme plus facile encore à déterminer.

Ainsi, dans l'éducation le rôle de la femme n'est-il pas, ne doit-il pas être au moins égal à celui de l'homme? L'éducation morale ne lui incombe-t-elle pas de préférence? celle de la première enfance ne lui appartient-elle pas exclusivement? et enfin ne convient-il pas que l'instruction des filles soit confiée à des professeurs qui soient femmes et autant que possible épouses et mères?

La médecine, comme l'éducation, n'a-t-elle pas les deux sexes?

M. Proudhon, avec cette outrecuidance qui en

impose aux sots et qui lui a si souvent réussi, veut que la pudeur soit une vertu masculine et que la femme la reçoive de l'homme, comme du reste, toutes les autres vertus. Est-ce donc pour apprendre la pudeur à leurs épouses que ces messieurs ont remplacé les sages-femmes par des accoucheurs? Il n'y avait jadis que le confesseur qui partageât avec le mari, il y a maintenant le médecin; et encore le confesseur s'en tenait à l'âme, quand il ne sortait point des limites de son caractère sacré : le médecin souille l'âme et le corps.

Mais, dit-on, il le faut bien : il n'y a pas de femmes médecins, les sages-femmes ne sont pas suffisamment instruites, etc., etc. Et pourquoi les sages-femmes reçoivent-elles une instruction insuffisante? Qui les instruit? qui les reçoit? qui a réglementé leur profession? Ne sont-ce pas les hommes, les médecins surtout? Et ne serait-ce pas que cela leur plaît ainsi? Quelle raison y a-t-il pour ne pas admettre les femmes au doctorat, et pour ne pas créer des écoles préparatoires pour les femmes? Craint-on l'insuffisance de leurs capacités intellectuelles? Le concours est là qui saura bien les classer.

Quant à moi, je vois chez la femme, bien plus que chez l'homme, les qualités qui conviennent à un praticien : vivacité du coup d'œil, finesse du tact, douceur de ton, sympathie des manières. On se borne à faire de la femme une garde-malade, une sœur de charité. C'est quelque chose, mais ce n'est pas assez. Celle qui est propre à donner les soins doit être propre à les ordonner. On concède aux femmes les fonctions qui se rapportent au sentiment; on leur dénie celles qui exigent la science. On fait le sentiment stupide et la science aveugle et sourde. Nous voulons qu'on donne un cœur à la science, des lumières au sentiment, en demandant que l'on constitue la médecine-femme à côté de la médecine-homme. Une femme médecin qui aura été mère soignera mieux les enfants et comprendra mieux les maladies des femmes qu'un homme; devant elle, la jeune fille et la jeune femme pourront, sans honte et sans souillure, décrire le mal qui les tourmente, et dévoiler leurs secrètes infirmités.

Ce n'est pas ici le lieu de passer en revue toutes les fonctions qui conviennent aux femmes; bornons-nous à affirmer qu'il n'en est pas de *vraiment organiques* qu'elles ne puissent partager avec l'homme, et cela, par la raison que l'organisme social étant mâle et femelle, il faut que tous les organes qui ont un caractère général aient un côté mâle et un côté femelle, tandis que les organes spéciaux comme les métiers appartiennent plus particulièrement soit à l'un, soit à l'autre sexe.

Ainsi, dans l'administration proprement dite, la part de l'homme et celle de la femme sont parfaitement indiquées. Prenons, par exemple, cette administration dans ce qu'elle a de fondamental, la commune. Toute commune a un maire; on connaît ses fonctions. Eh bien, à côté du maire il y a place pour une femme, pour une *mairesse*, comme dans la famille, à côté du père, il y a place pour la mère. Les fonctions qui conviendraient au chef femelle de la commune ne sont pas remplies actuellement, ou le sont mal; ce sont celles qui se rapportent à l'hygiène physique et morale, aux mœurs, à la charité, à l'éducation. La **MAIRESSE** aurait la haute direction des crèches, des salles d'asile, des institutions de bienfaisance; elle aurait la surveillance des écoles et des établissements publics au point de vue des mœurs et de l'*économat;* elle visiterait les nourrices et aviserait à ce qu'on ne laissât pas mourir de faim et de douleur au village les enfants de la ville, sous prétexte de les nourrir *par entreprise* à 20 ou 25 francs par mois.

Il faut bien comprendre que, à mesure que la société s'organise, elle crée des organes qui correspondent à son degré de développement et doivent être de plus en plus parfaits; ces organes s'appellent des institutions : ainsi, tandis que les institutions primitives ont eu pour but d'organiser la force, celles qui se créent maintenant tendent plutôt à organiser l'amour de l'humanité.

Les institutions du présent et de l'avenir sont des institutions de mutualité, de garantisme, de charité. Elles ont surtout pour but de répandre le savoir, de généraliser le bien-être, de garantir l'existence individuelle par le secours de la communauté, de secourir la faiblesse, l'infirmité, la maladie.

Les institutions de cette nature réclament, bien plus que celles des phases antérieures, le concours de la femme, et lorsqu'on voit quels sont aujourd'hui les besoins de la société et les tendances du mouvement social, il est impossible de ne pas reconnaître l'importance de plus en plus grande du rôle que les femmes sont appelées à remplir dans la société.

Les hommes qui, comme M. Proudhon, veulent nous ramener au patriarcat en emprisonnant la femme dans la famille, sont *des abstracteurs de quintessence* qui ne voient rien de ce qui se passe autour d'eux, et méconnaissent la vie collective qui tous les jours développe des besoins nouveaux, engendre des forces nouvelles et donne lieu à des fondations sociales répondant à ces besoins et organisant ces forces. Ils ont sans doute de bonnes intentions; ils croient servir, sinon la cause du progrès, du moins celle de la morale qui finit toujours par être aussi celle du progrès. En obligeant la femme à se renfermer dans la famille, en la forçant d'être uniquement épouse et mère, ils espèrent remédier à cette fièvre de luxe et de dissipation qui la possède de plus en plus, et qui devient une cause de dissolution sociale, un élément de corruption morale et de désordre.

Mais ils se trompent. Ce n'est pas en rétrécissant encore le champ de son activité qu'ils arrêteront la femme dans ses débordements, c'est, au contraire, en donnant à cette activité les moyens de se satisfaire par des voies légitimes.

Il faut donner aux femmes une éducation sérieuse, et autant que possible, une éducation professionnelle. Il faut qu'elles deviennent *productrices*. Le travail a seul émancipé les hommes, le travail seul peut émanciper les femmes. Que la femme puisse gagner honnêtement les vêtements qui la parent et l'embellissent, et au lieu de traîner dans la poussière du trottoir ses robes de soie et ses châles de dentelle, elle marchera libre et fière dans la modestie d'une toilette qui laissera voir sa beauté sans flétrir sa vertu et tarifer son honneur. L'éducation que l'on donne aux femmes n'étant propre qu'à en faire des poupées, a-t-on le droit de s'étonner qu'elles posent en poupées aux yeux des hommes et qu'elles finissent, les malheureuses, par prendre au sérieux le rôle stupide qu'on leur a appris dès leur enfance ?

Qu'on ne m'accuse pas de méconnaître le rôle de la femme dans la famille : je veux, tout comme M. Proudhon, que la femme s'applique à être épouse et mère ; mais je soutiens qu'il n'est pas vrai que la vie de famille suffise à l'activité physique, morale et intellectuelle de la femme. Le rôle de la poule couveuse est très-respectable sans doute, mais il ne convient pas à toutes et n'est pas aussi absorbant qu'on veut bien le dire. Et d'abord il est bien des femmes qui ne se marient pas, il en est ensuite un grand nombre qui sont obligées d'ajouter leur travail de tous les jours au travail quotidien de leur mari. Deux producteurs, dans un ménage, valent mieux qu'un, et dans une famille où le père, qui n'a que son travail, est obligé de suffire aux besoins de sa femme et de trois ou quatre enfants, je me demande comment on vit si l'on vit, comment on mange si l'on mange, comment on est vêtu, chauffé, logé, et quelle éducation les enfants reçoivent. Le travail, en tout cas, est moralisateur, quand il n'est pas excessif, — alors il est abrutissant ; — et je ne vois pas que la vertu de l'épouse puisse jamais avoir à souffrir du travail de l'ouvrière. Quels sont les recruteurs ordinaires de la prostitution, si ce n'est l'impossibilité du travail honnête, l'insuffisance des salaires et enfin l'oisiveté, cette aïeule sempiternelle de tous les vices mâles et femelles? Ouvrir aux femmes les carrières d'un travail libre et convenablement rétribué, c'est fermer les portes du lupanar. Hommes, le voudrez-vous ?

Après l'hypocrisie qui flétrit impitoyablement les vices féminins, engraissés et entretenus par la corruption masculine, ce qui m'a toujours choquée chez les hommes, c'est le profond dédain avec lequel ils traitent la femme qui a atteint l'âge mûr. Dès ce moment, les réformateurs les plus sensibles cessent de s'occuper de son sort. L'homme commence à trente-cinq ou quarante ans à être propre à tous les emplois ; jusque-là il inspire peu de confiance. Son développement intellectuel n'est vraiment complet qu'à cet âge. C'est alors que les fonctions publiques lui incombent. Il lui a fallu trente-cinq ou quarante ans pour faire son individualité morale et avoir acquis une physionomie. Comment se fait-il, tandis que l'homme ne commence guère à être quelque chose que lorsqu'il a atteint sa maturité, que la femme, au contraire, dès ce moment, cesse d'être quelque chose ? La femme n'est-elle donc rien après la floraison ? L'homme seul peut-il réaliser le fruit de l'arbre humain ?

La femme, n'ayant été considérée jusqu'ici qu'au point de vue du plaisir du mâle ou de la conservation de l'espèce, ne valait que comme beauté ou comme maternité. Dans une société constituée par les hommes et à leur profit, la femme n'était appréciée que comme épouse et comme mère ; mais si la femme est une individualité libre, une activité intellectuelle et morale, elle aura une valeur propre, elle fera sa loi. Elle ne recevra pas plus sa conscience et sa dignité de l'homme que celui-ci ne reçoit sa dignité et sa conscience d'un être en dehors de lui. On le voit, c'est la doctrine de l'*immanence* (style Proudhon) appliquée à la femme. Quand nous aurons fait avouer à M. Proudhon que la femme est un être humain, une liberté organisée, nous lui ferons dire tout le reste, et il ira plus loin que nous peut-être, parce qu'il est excessif en toutes choses, et ne voit jamais que la logique absolue et indépendante des milieux (1).

(1) Voici ce que nous lisons, p. 216 du t. 2 de l'ouvrage de M. Proudhon : « L'homme est libre ; il ne peut pas ne l'être pas, parce qu'il est un composé, parce que la loi de tout composé est de produire une résultante qui est sa puissance propre, parce que le composé humain étant formé de corps, d'esprit, subdivisés en facultés de plus en plus spéciales, la résultante proportionnée au nombre et à la diversité des principes constituants doit être une force affranchie des lois du corps, de la vie et de l'esprit, précisément ce que nous appelons libre arbitre. »

Je demande si cela s'applique à la femme comme à l'homme. Prenez garde : si vous dites oui, il n'y a pas plus de *transcendance* pour la femme que pour l'homme, et alors toutes les libertés, *toutes les puissances* que

En attendant, bornons-nous à affirmer que la femme est un être libre qui se développe jusqu'à la maturité intellectuelle tout comme l'homme; que si elle est faite comme beauté à vingt ans, elle ne l'est pas sous tous les aspects de son être; que son esprit et son cœur mûrissent et se développent aussi longtemps que chez l'homme lui-même; qu'elle peut s'élever à la compréhension des idées générales et des intérêts généraux par l'application et l'exercice de ses facultés; qu'enfin, elle est, comme l'homme, une conscience et une intelligence, et que, comme lui, elle peut progresser indéfiniment, tant que ses organes ne sont pas arrivés à la fatigue ou à l'épuisement.

La femme, au bout de sept ou huit années de mariage, cesse d'être absorbée par les soins de la maternité.

nous demandons pour la femme nous sont logiquement acquises.

Les préoccupations de l'amour se sont affaiblies ; elle vit moins dans les autres, dans son mari, dans ses enfants, et aspire davantage à vivre en elle-même. Permettez-moi aussi de vous dire que la femme est plus tôt et plus complétement affranchie que l'homme des désirs, des besoins sexuels. Que ferez-vous de cette activité qui veut s'appliquer aux choses externes? la refoulerez-vous en dedans, au risque de produire ces réactions si fatales chez les femmes de trente à quarante ans? Condamnerez-vous cette femme qui veut produire intellectuellement à une stérilité sans fin, ou l'obligerez-vous à se tourner du côté de la galanterie? Le catholicisme au moins avait la fréquentation de l'église qui, si elle ne satisfaisait pas son esprit, satisfaisait son cœur ou au moins en trompait la faim. Voyons, soyez bons, messieurs les maîtres ; reconnaissez donc qu'une femme qui ne tient plus à plaire et qui n'est plus absorbée par les soins de la famille est encore bonne à quelque chose, qu'elle peut rendre des services sociaux, administrer, surveiller, vendre, acheter, *produire* enfin, au point de vue de l'art, du métier, de l'industrie, et que ce temps qu'elle peut employer en dehors du ménage représente au moins les deux tiers du temps qu'il lui est ordinairement accordé de vivre ; ce qui vaut bien la peine d'en parler. Que diable ! messieurs, on est de chair et d'os comme vous, on se sent une âme, quoi qu'en dise M. Proudhon, on a une tête et quelque chose dedans. Est-on donc si folle de vouloir se servir de tous ces dons du ciel..... après vous, mais encore pour vous ? car, au bout du compte, c'est pour votre bonheur et votre soulagement que nous demandons à partager avec vous le fardeau du travail social, comme vous partagez avec nous celui de la propagation de l'espèce.

L'insuffisance de notre intelligence, la mollesse de notre cerveau, etc., etc., ce sont là des raisons sans doute; mais ces faiblesses de notre nature nous empêchent-elles de régner sur vous? Est-il donc plus difficile de travailler que de diriger des mâles? Nous voyons du reste bien des femmes qui gouvernent leur maison, leur industrie, leur commerce et leur mari par-dessus le marché. Ce sont des exceptions, dites-vous? Elles sont nombreuses, assez nombreuses pour faire règle. Par ce que quelques-unes font, vous voyez ce que les autres pourraient faire si les carrières leur étaient ouvertes. Dans les arts qui leur ont été permis, comme le théâtre, les femmes égalent les hommes si elles ne les surpassent pas; dans les autres branches de l'art, leur place est marquée aussi sur la même ligne que les hommes.

Merci et reconnaissance à celles qui ont fait la preuve pour les autres. Un sexe qui a donné au théâtre Mars et Ristori, à la peinture Rosa Bonheur, à la pensée Staël, à la littérature

Sand, Daniel Stern et *tant d'autres*, a prouvé qu'il était mûr intellectuellement et digne de partager l'œuvre sociale.

Quant à la maturité morale de la femme, j'aurais honte de chercher à la démontrer : elle brille comme le soleil, elle vous éclaire et vous réchauffe; tant pis pour ceux qui ne la voient ni ne la sentent. Ils sont aveugles et je crois même qu'ils sont morts; laissons donc les morts ensevelir les morts et passons, le salut est devant nous !

LE MARIAGE

Amongst unequals no society.
Entre inégaux pas de société.
MILTON.

Nous avons vu l'aplatissement de la femme, nous allons voir maintenant son exaltation. Après le premier exercice, le second devenait indispensable.

Voici comment s'exprime M. Proudhon en tête de sa théorie du mariage :

« Résultat général de la discussion : réduction de l'amour à l'absurde par son mouvement même et sa réalisation.

« Réduction de la femme au néant par la démonstration de sa triple et incurable infériorité.

« Voilà où nous a conduit jusqu'à présent « l'analyse. L'amour et la femme, deux éléments « indispensables de la vie, se réuniraient pour « son malheur; le premier en serait le poison, la « seconde apparaîtrait comme l'agent de séduc- « tion qui nous verse cette coupe fatale. Dans la « femme, vous crient les Pères de l'Église, et dans « l'amour qu'elle inspire, se trouve le principe de « toute corruption et de toute discorde: elle est la « croix, la contradiction et la honte du genre « humain. Impossible de vivre avec elle et de se « passer d'elle! Se passer d'elle, c'est pour la « dignité virile le dernier des outrages, un crime « digne de mort... »

Après avoir montré la femme fatalement entachée de faiblesse originelle, d'impuissance virtuelle, et *naturellement* inférieure à l'homme au triple point de vue physique, intellectuel et moral, M. Proudhon a dû se demander comment il pourrait faire accorder avec une pareille théorie le fait social qui a placé la femme partout à côté de l'homme, et qui tous les jours semble attribuer à cette moitié de l'espèce humaine une importance plus marquée. Or, après avoir bien cherché, il a trouvé que la femme étant une *passivité*, une *réceptivité*, pouvait acquérir, par son union avec l'homme, toutes les qualités physiques, intellectuelles et morales que la nature lui avait refusées, et que, par le mariage, elle se réhabilitait, se relevait de son péché d'origine au point de devenir, sinon l'égale, au moins le complément indispensable de l'homme, qui trouve en elle son image embellie, l'exaltation de son être, la glorification de sa vertu et la réalisation de son idéal.

« Comme la femme, dit-il, tient son corps de « l'homme, *os ex ossibus meis et caro ex carne* « *mea;* comme elle tient de lui ses idées, de même « elle en reçoit sa conscience et le principe de « toutes ses vertus. »

On le voit, si saint Paul n'avait pas fait découler de la Genèse hébraïque l'infériorité de la femme, M. Proudhon aurait eu l'honneur d'avoir inventé sa théorie. Mais comme saint Paul est venu dix-huit cents ans avant lui, il faut bien reconnaître à l'apôtre des gentils un certain droit de priorité. Veut-on me permettre de rappeler les propres paroles de saint Paul comme elles se trouvent rapportées dans l'Evangile (Epître aux Corinthiens, ch. XI) :

« 7. Car pour ce qui est de l'homme, il ne doit point couvrir sa tête, vu qu'il est l'image et la gloire de Dieu ; mais la femme est la gloire de l'homme.

« 8. Parce que l'homme n'a pas été tiré de la femme, mais la femme a été tirée de l'homme.

« 9. Et aussi l'homme n'a point été créé pour la femme, mais la femme pour l'homme.

« 10. C'est pourquoi la femme, à cause des anges, doit avoir sur la tête une marque de la puissance sous laquelle elle est.

« 11. Toutefois, ni l'homme n'est point sans la femme, ni la femme sans l'homme en Notre-Seigneur.

« 12. Car comme la femme *est* par l'homme, aussi l'homme *est* par la femme ; mais toutes choses procèdent de Dieu. »

Ailleurs, saint Paul (Épître aux Éphésiens, ch. V), s'exprime ainsi :

« 22. Femmes, soyez soumises à vos maris comme au Seigneur.

« 23. Car le mari est le chef de la femme, comme Christ est le chef de l'Église, et il est aussi le sauveur de son corps.

« 24. Comme donc l'Église est soumise à Christ, que les femmes le soient de même à leurs maris en toutes choses. »

Ainsi, M. Proudhon qui comprend l'amour à peu près comme le comprenaient les Pères de l'Église, qui veut, comme l'Église elle-même, le mariage indissoluble et éternel, parle comme saint Paul des rapports de l'homme et de la femme. Après saint Paul, il professe que la femme vient de l'homme, et avec cet apôtre, il décrète sa subalternisation, par l'excellente raison que l'homme n'a point été créé pour la femme, mais la femme pour l'homme. Enfin, comme saint Paul, il tente de relever la femme en la représentant comme la gloire de l'homme ; seulement, il s'en tient là et n'ajoute pas avec l'apôtre des gentils que l'homme est la gloire de Dieu : il supprime Dieu ; mais ce n'est là qu'un détail.

Du reste, rendons cette justice à M. Proudhon. L'emprunt qu'il fait au christianisme de sa doctrine sur le mariage, il s'est plu à l'avouer hautement et s'en est confessé en ces termes devant M. l'évêque de Besançon :

« Vous le voyez, Monseigneur, c'est le christianisme, c'est l'Église, c'est vous-même qui, sans le savoir, m'allez fournir la théorie du mariage... » Tout cela est pour le mieux.

Mais doit-on hériter de ceux qu'on assassine?

Et puis, il est bien, sans doute, de se montrer d'accord avec l'Église, mais il faudrait l'être aussi avec la logique. Or, quelle est cette logique qui accepte les conclusions du christianisme sur la femme et rejette les principes sur lesquels s'appuient ces conclusions et d'où elles découlent?

Que saint Paul qui prend pour point de départ le récit miraculeux de la Genèse, en ce qui concerne la création, le péché originel, conclue à l'infériorité de la femme, à sa subordination, et la représente comme l'image de l'homme, tandis que l'homme est seul l'image de Dieu, saint Paul en a le droit. Saint Paul reste dans la rigueur des principes qu'il a adoptés; mais que M. Proudhon qui repousse toute intervention surnaturelle et qui regarderait comme une injure qu'on pût le soupçonner de prendre à la lettre le récit de la création moïsiaque, vienne nous affirmer sérieusement, lui qui n'admet pas la recherche des origines, que la femme a été produite pour servir de complément à l'homme, qu'elle est engendrée moralement, intellectuellement par l'homme, recevant de lui son esprit et sa conscience, et que de plus, il ajoute que cette création est faite de rien, — *ex nihilo*, comme celle du monde, d'après la version catholique, — puisque la femme considérée *naturellement* est privée de toute spontanéité, et ne possède même pas les attributs humains, placée qu'elle est entre l'homme et la série bestiale, voilà qui nous paraît suprêmement illogique et contradictoire !

En vérité, lorsqu'on fait au christianisme des emprunts aussi importants, on devrait bien lui témoigner plus de reconnaissance et ne pas si fort dédaigner son *Credo quia absurdum* tant vilipendé par les rationalistes.

En résumé, la théorie de M. Proudhon sur la femme à laquelle il rend miraculeusement par le mariage — un sacrement ! — toutes les vertus, toutes les forces, toutes les valeurs qu'il lui avait déniées *originairement*, ne serait qu'une paraphrase des paroles de saint Paul, s'il ne s'était avisé d'une chose qui donne à son système hébraïco-chrétien un certain cachet d'originalité. Malheureusement l'idée sur laquelle repose ce perfectionnement, est une idée fausse. Il était écrit que M. Proudhon ne trouverait rien de bon, au moins pour la reconstruction, pour la synthèse, sur un sujet qu'il a abordé d'une si brutale manière. L'amour, pour le punir, lui aurait-il à cet endroit noué le sentiment, obscurci l'intelligence?

L'idée du reste est toujours la même. Il s'agit toujours de la justice. Seulement, jusqu'ici M. Proudhon avait cru qu'il suffisait d'écarter de la conscience humaine toute influence trasncendantale, divine, religieuse, idéale, pour constituer la justice; mais après avoir écrit cent cinquante pages sur ce sujet, il s'aperçoit qu'il n'a rien fait pour la constitution de la justice, s'il ne lui a pas découvert un organe propre : « La vue, l'ouïe, l'odorat, le goût, le toucher, ont chacun leur organe ; l'amour a le sien ; la pensée a aussi le sien, qui est le cerveau ; et dans ce cerveau chacune des facultés de la pensée a son petit appareil. Comment la justice, faculté souveraine, n'aurait-elle pas son organisme proportionné à l'importance de sa fonction ? » Cet organe qui devient, on ne sait trop pourquoi, un organisme, c'est-à-dire un être, c'est le couple, c'est l'homme et la femme unis par les liens du mariage.

« La nature, nous dit M. Proudhon, a donné « pour organe à la justice la dualité sexuelle, et « comme nous avons pu définir l'individu humain « *une liberté organisée*, de même nous pouvons « définir le couple conjugal une *justice organisée.* « Produire de la justice, tel est le but supérieur « de la division androgyne : la génération et ce « qui s'ensuit, ne figure plus ici que comme « accessoire. »

Voilà une phrase qui aurait bien réjoui le cœur de Perrin Dandin ! A propos de Perrin Dandin, je me rappelle que M. Proudhon appartient à une famille de juristes, et que ceux des Proudhon qui furent trop pauvres pour devenir jurisconsultes ou avocats restèrent toujours des plaideurs acharnés, à cheval sur le droit et sur la procédure. Il faut croire que cette passion de la judiciaire est dans le sang. M. Proudhon tient à la fois du juriste et du plaideur, réunissant en sa personne les qualités des divers Proudhon venus avant lui. Mais parlons sérieusement.

Que signifie cette métaphysique nouvelle qui tend à faire confondre les lois résultant des rapports des êtres avec ces êtres eux-mêmes? Que signifie cette création ontologique d'un organisme juridique, et combien de temps encore se comprendra-t-on en France, si l'on s'y met à parler ce langage?

La justice absolue est-elle donc autre chose qu'un idéal dont notre conscience cherche à se rapprocher de plus en plus sans pouvoir jamais l'atteindre dans sa totalité?

La justice relative, la seule que nous puissions connaître, ne résulte-t-elle pas des rapports établis entre deux ou plusieurs êtres, et n'est-ce pas notre conscience qui la réalise?

Cet organe n'est-il pas l'organe de la justice ou plutôt du jugement? n'est-il pas la balance qui pèse, le criterium auquel nous soumettons les faits pour les juger, les apprécier, *les peser* par la comparaison de leurs rapports ; et ce criterium, quoique fixe en tant que mesure actuelle, n'est-il pas changeant, modifiable, soumis aux influences de temps et de lieu, comme notre être tout entier?

Et ce que nous disons d'une conscience n'est-il pas vrai de toutes les consciences? Et dans une société donnée, si nous parlons d'une loi de la conscience collective, cette loi sera-t-elle autre chose que l'expression commune d'une décision prise à un moment donné par toutes ou par la généralité des consciences individuelles?

Voulez-vous maintenant dire qu'il arrivera un moment où toutes les consciences formuleront le même jugement, exprimeront la même décision, décréteront la même loi, et voulez-vous appeler cet état harmonique des consciences individuelles, la conscience sociale, collective, humanitaire? Je n'y vois pas d'inconvénient. Désirez-vous de plus que nous fassions de cette conscience commune un organe de l'humanité considérée comme un être collectif, comme un tout vivant, et que nous l'appelions *l'organe juridique* de l'humanité? Je le veux bien encore. Qu'importent les mots quand on sait ce qu'ils recouvrent? Mais ne dites pas qu'un homme et une femme créent par leur union plus ou moins sacramentelle un *organe* à l'humanité qui en eût été privée s'ils eussent vécu dans le célibat, le concubinage, la polygamie ou la polyandrie : ce serait absurde; et n'ajoutez pas que la première fonction du couple dans le mariage est de produire la justice : ce serait drôle et l'on rirait.

Poursuivons cependant et voyons ce que doit

être l'organe de la justice, et comment cela se fabrique. Je cite :

« L'organe juridique se composera donc de « deux personnes : voilà un premier point.

« Quelles seront, l'une par rapport à l'autre, « ces deux personnes ?

« Si nous les faisons semblables et égales, ou « bien, en variant les aptitudes équivalentes, ces « deux personnes seront entre elles comme « l'homme est à l'homme, ou la femme à la femme, « comme 1 est à 1, 2 à 2, comme A est à A. Ce « seront donc deux essences respectivement com- « plètes, par suite réciproquement indépendan- « tes : il n'y aura pas d'organisme. Une association « plus ou moins précaire pourra en sortir ; nous « n'aurons pas la dualité cherchée. Point d'organe « juridique, partant point de justice. L'homme « restera sauvage, ou ne formera que des sociétés « imparfaites, des meutes comme les chiens, des « communautés à la façon des abeilles et des « fourmis.

« L'expérience confirme cette prévision. En-
« tre individus de valeur égale et de prétention
« pareilles, il y a naturellement antagonisme,
« joute, loterie, agiotage, discorde, guerre ; peu
« de respect, peu d'affection, point de dévoue-
« ment. Dans ces conditions, la justice ne peut vi-
« vre, se développer, devenir pour l'homme une
« religion et une gloire.....Il faut pour la justice,
« une dualité formée de deux individus, des qua-
« lités dissemblables et inégales, des inclinations
« différentes, des caractères opposés, tels enfin
« que les pose la nature dans le père et l'enfant,
« mieux encore dans le couple conjugal, sous la
« double figure de l'homme et de la femme. »

Voilà donc à quoi l'on arrive, quand on met la logique au service d'une idée fausse, d'une cause mauvaise! On est entraîné par l'ardeur de la défense, on prend des raisons partout, et l'on en vient jusqu'à contredire ses propres principes. Voilà un homme qui a écrit trois volumes pour soutenir l'égalité et constituer la justice, et qui, parvenu à la fin de son troisième volume, défend l'inégalité et veut en faire le fondement de la justice ; ce qui équivaut à la négation même de la justice.

Les gens qui écrivent pour ne rien nous apprendre sont coupables : ils nous volent notre temps ; mais ceux qui écrivent pour nous faire *désapprendre* sont bien plus coupables : ils tuent partiellement notre intelligence, ils amoindrissent notre valeur morale, ils diminuent notre être. On pourrait presque dire qu'il y a entre les premiers et les seconds la différence qui existe entre les voleurs et les assassins.

En nous donnant de la justice une notion nouvelle et radicalement fausse, M. Proudhon travaille à nous *désapprendre* la justice. Je l'en accuse hautement, et je le somme de revenir sur toute cette partie de son livre, de la rétracter ou tout au moins de l'effacer des prochaines éditions ; car si ce n'était là de sa part une étourderie, ce serait un crime.

Cet homme défend la Révolution, en fait le point de départ du monde nouveau, et il oublie cette magnifique inscription, qu'elle a tracée au frontispice du temple de nos lois, et qui, entrée dans nos mœurs, dominera toujours nos codes : TOUS LES FRANÇAIS SONT ÉGAUX DEVANT LA LOI !

L'égalité, voilà la pierre fondamentale de notre édifice juridique : hors de l'égalité point de justice, parce que hors de l'égalité, point de mesure commune, point de comparaison, point de jugement possible, point de formule générale, point de loi !

La loi, qu'est-ce autre chose que la détermination abstraite des rapports réfléchis dans l'entendement et formulés ainsi unitairement par la conscience ?

Pour que la loi se fasse, il faut qu'il y ait des rapports; il faut qu'une comparaison puisse être établie, il faut que l'unité entre des termes distincts puisse se créer. Or, l'unité ne peut se faire, la comparaison ne peut s'établir qu'entre des termes de même nature. On peut comparer des objets divers dans leurs rapports d'étendue, de chaleur, de pesanteur ; mais on ne peut comparer l'étendue à la chaleur, à la pesanteur, à la lumière, et établir une loi commune entre des catégories différentes, entre des natures hétérogènes.

De même la justice ne peut exister qu'entre des êtres de même nature, égaux en droits et en devoirs, égaux *essentiellement* et *potentiellement*.

Si vous avez vu quelquefois la loi établie entre des inégaux, comme entre les maîtres et les esclaves, les seigneurs et les serfs, le patron et ses ouvriers, apprentis ou serviteurs, ceci ne prouve pas que la loi soit possible dans l'inégalité, au contraire; sachez que la loi s'est produite entre ces êtres de condition inégale, parce qu'il y avait entre eux des rapports égalitaires. Elle constatait, cette loi, par son existence même, que dans tels ou tels cas, il y avait entre eux égalité, c'est-à-dire droit réciproque et partant obligation mutuelle, par rapport au principe, au lien commun qui unissait les parties. Elle avait pour objet de proclamer une certaine égalité essentielle entre les parties contendantes, et, de plus, de constituer sur le point qu'elle réglementait une égalité potentielle par l'intervention du pouvoir chargé de faire exécuter la loi. C'était la société qui, en se mettant par le gouvernement, par l'État, du côté du plus faible, rétablissait momentanément l'égalité. Sans cet équilibre, dû à l'intervention sociale, la loi eût été impossible, ou bien serait restée une lettre morte, si elle s'était bornée à reconnaître l'égalité essentielle des parties sur un point déterminé. Il fallait appuyer cette reconnaissance des droits réciproques d'une force qui protégeât le faible et le fît sur un point déterminé par la loi l'égal du fort. La justice ne pouvait être qu'à cette condition : justice tronquée sans doute, partielle, mélangée de beaucoup d'abus et d'arbitraire, mais enfin justice reconnue en principe, et fondée désormais dans la série où elle ne manquerait pas de se développer.

Qu'on interroge toutes les séries sociales, on verra que l'humanité ne s'est avancée vers la justice qu'en marchant vers l'égalité. Toute inégalité supprimée a été une réalisation partielle de la justice idéale, en même temps qu'une conquête de l'ordre, un pas de plus dans la voie de la socialisation.

Et maintenant on vient nous dire « qu'entre individus de valeur égale il n'y pas de justice possible, mais antagonisme, joute, loterie, agiotage, discorde, guerre, etc. » — On ne s'attendait guère à voir la loterie en cette affaire et l'agiotage ! — « Et qu'entre personnes égales ou *équivalentes*, la justice ne peut se constituer, parce que ces personnes seront entre elles comme l'homme est à l'homme, comme la femme est à la femme, comme 3 est à 3, comme 2 est à

2, comme A est à A, soit deux essences respectivement complètes, par suite réciproquement indépendantes. »

Que signifie ce jargon et de qui se moque-t-on ici? Voyons, monsieur Proudhon, nous sommes tous dans le secret. Vous savez aussi bien que nous qu'entre deux êtres de nature différente la justice n'a rien à faire. Vous l'avez dit à propos des animaux, et vous avez été cruel à leur égard parce que, méconnaissant les liens de sentiment et de vie qui nous rattachent à tous les êtres et à l'univers, vous vous êtes renfermé dans votre carapace judiciaire et n'avez voulu voir entre vous et le monde externe que des rapports de justice. Eh bien, ce que vous avez dit alors de la justice a-t-il donc cessé d'être vrai? Est-ce qu'il y justice entre deux êtres *essentiellement* et *potentiellement* différents, entre le chat et la souris, entre le loup et l'agneau? Voyons, monsieur Proudhon, vous qui êtes économiste, quel rapport d'échange établirez-vous entre ce qui vaut 9 et ce qui vaut 28 ? Pour arriver à un contrat d'échange librement consenti ou à un arrêt juridique, ne serez-vous pas obligé d'égaliser les valeurs et de les faire se rencontrer dans un terme commun ? Vous ôterez à 28 ou vous ajouterez à 9, jusqu'à ce que les deux objets *s'équivalent* ; c'est alors seulement que la loi sera possible, et que le fait d'échange sera réalisé. Soyez persuadé que la constitution de la justice ne se fait pas autrement.

Pour peser, il faut deux objets soumis aux lois de la pesanteur, et une balance qui en détermine le rapport. Pour juger, il faut deux faits, et une intelligence qui compare et décide. Pour constituer la justice, il suffit de deux hommes et d'une conscience. Cette conscience peut être une résultante des facultés intellectuelles et morales de ces deux hommes vibrant unitairement sur un point déterminé ; elle est autre que la conscience individuelle de chacun; elle est distincte de leur personnalité, en ce sens qu'elle n'existait pas avant le contact des deux êtres, mais elle n'est pas indépendante d'eux-mêmes, elle n'est pas autonome; ce n'est pas une entité réelle; elle ne s'appartient pas et ne s'affirme que dans la conscience propre de chacun. Généralisez ces faits et vous avez la conscience sociale; d'abord la conscience du groupe duel (homme ou femme, peu importe), puis celle d'un groupe multiple qui peut être représenté par la famille, mais bien mieux par une association composée d'hommes libres et égaux, de citoyens. Et à mesure que la société s'étend et grandit, le nombre des rayons qui, partant des consciences individuelles, viennent aboutir à la conscience collective, augmente et se multiplie. Il y a une conscience de la cité, de la nation, de l'Église, — la chrétienté a sa conscience, — et enfin de l'humanité. C'est celle à laquelle nous aspirons. Mais, en dehors de cela, chercher un organe juridique, est de la folie! Autant vaudrait chercher la quadrature du cercle ou encore l'esprit qui répond dans la table ou qui la fait mouvoir, et qui, lui aussi, n'est que la résultante des forces ou des intelligences des assistants, combinées dans une action commune, résultante manifestée par une formule qui appartient à tous, et dans laquelle le plus souvent nul parmi les assistants ne reconnaît sa pensée propre.

M. Proudhon veut constituer l'organe juridique avec le couple humain. Mais pour établir des rapports de justice entre deux êtres, il faut non-seulement que ces deux êtres soient égaux et aient des rapports équivalents, comme nous l'avons dit, mais il faut aussi que ces deux êtres soient libres. L'homme, nous dit M. Proudhon, est une *liberté organisée;* très-bien, et je conçois parfaitement deux organismes libres et intelligents concourant à la formation d'un fait de conscience, le généralisant et s'en faisant la règle de leurs actions futures, la loi de leurs rapports mutuels. Ici, il y a vraiment justice, parce qu'il y a des deux parts savoir et liberté; les deux parties *savent ensemble* et *coagissent* librement. Mais la femme qui, d'après M. Proudhon, *ne sait* ni *n'agit par elle-même*, qui reçoit sa conscience de l'homme ; la femme qui n'est pas une *liberté organisée*, comment pourrait-elle établir avec l'homme des rapports de justice? Connaît-elle sa loi, si elle est inconsciente, et peut-elle la faire, si elle n'est qu'une réceptivité ? et si elle est incapable de déterminer sa loi propre, comment pourra-t-elle concourir à une loi commune qui tienne compte de sa personnalité et contienne, dans sa généralité, les conditions particulières de son être? Or, si cette loi commune qui doit régler les rapports de l'homme et de la femme n'est que l'expression de l'être libre, du mâle, elle ne formulera que la moitié des rapports du couple. Elle sera toute au profit du mâle, ou plutôt ce ne sera pas une loi dans le sens vrai du mot, c'est-à-dire le résultat harmonique d'un double rapport, une règle générale résultant de la vérité des choses ; ce sera la loi imposée du dehors par une volonté arbitraire qui ne relève que d'elle-même. Ce sera, par rapport à la femme, du *transcendantalisme.* Seulement, au lieu de lui venir de Dieu, le joug ici lui viendra de l'homme. Tyran pour tyran, est-ce bien la peine de changer? Pour mon compte, j'aime mieux l'autre, même représenté par ses ministres ; il est plus loin de moi et bien plus désintéressé dans les questions qui nous divisent.

On le voit, le système de M. Proudhon sur la constitution de la justice ne se soutient pas devant l'analyse. De quelque côté qu'on l'envisage, il est facile de le réduire à l'absurde. Nous pourrions l'étudier dans les divers accessoires dont la riche imagination de son auteur s'est plu à l'orner, mais à quoi bon ? N'en avons-nous pas dit assez ? S'il reste encore des doutes dans l'esprit de nos lecteurs, qu'ils en lisent l'exposé dans le livre même, de la page 430 à la page 473 du troisième volume; ils achèveront de se faire une conviction sur ce malheureux essai de restauration juridique et matrimoniale, et arriveront sans nul doute, comme nous, à cette conclusion que M. Proudhon n'a pas plus réussi dans sa tentative d'exaltation de la femme par la conscience, que dans ses efforts pour prouver l'infériorité physique, intellectuelle et morale de la plus belle moitié de l'espèce humaine, et qu'il aurait aussi bien fait de s'abstenir sur l'un et l'autre point.

MÊME SUJET

> Et je demanderai justice de la justice.
> MOLIÈRE (*L'Avare*).

Je ne sais si vous partagez mon sentiment; mais il me semble que toute personne qui s'adresse au public ne doit pas se contenter d'avoir démontré l'erreur, mais qu'elle doit à ses lecteurs — ne fussent-ils qu'un ! — qu'elle se doit à elle-même de montrer où est la vérité. Ce qui revient à dire qu'après avoir détruit une conception, il faut en proposer une autre..... meilleure.

Ayant nié la valeur des idées de M. Proudhon sur l'amour, la femme, le mariage, il me reste à affirmer quelque chose sur cette importante trilogie. Je l'entreprendrai, non point comme un philosophe utopiste, mais comme peut le faire une personne sans autorité, mais aussi sans amour du bruit et de l'éclat, qui par caractère s'inquiète bien plus du réel que de l'idéal, du mieux actuellement possible que du parfait, et qui, à défaut de la science qui lui manque, se préoccupe par-dessus tout du simple bon sens, et le consulte autant qu'elle peut.

M. Proudhon a résumé ses idées sur la question en une espèce de catéchisme par demandes et par réponses, fort bien fait du reste, à part la thèse qui est celle que l'on sait, et partant détestable. Nous imiterons cette forme qui force d'être clair et simple, et qui est exclusive de toute phraséologie inutile.

Mais, auparavant, nous avons un autre devoir à remplir.

Bien que nous ayons exposé impartialement la thèse soutenue par M. Proudhon sur le mariage considéré comme institution juridique et instrument de réhabilitation de la femme, comme nous n'avons reproduit que l'idée principale et que nous avons négligé les détails, nous craignons d'avoir donné de cette partie de l'œuvre une idée trop mauvaise. Il faut le dire, M. Proudhon, dans ce chapitre, a souvent racheté, par l'éclat du style et par l'élévation de la pensée, la pauvreté logique de son système. Jamais peut-être plus mauvaise thèse ne fut plus habilement et plus brillamment soutenue. D'ailleurs, nous avons rapporté les grosses sottises qu'il a adressées aux femmes, il est juste de le montrer s'efforçant de réparer le mal qu'il leur a fait et s'appliquant à les faire monter idéalement sur l'autel, après les avoir traînées *positivement* dans la boue.

Son amour m'a refait une virginité,

dit, en parlant de Didier, la Marion Delorme de Victor Hugo. M. Proudhon a-t-il voulu que la femme, oubliant les humiliations qu'il lui a fait subir, lui adressât quelque remercîment de ce genre? En tout cas, il a trouvé des choses charmantes à lui dire. Qu'on nous permette quelques citations. Nous aurons d'ailleurs ainsi occasion de relever encore à l'endroit des femmes des erreurs dangereuses encadrées dans de très-jolis compliments; car si ce chapitre du mariage n'est pour elles qu'une distribution de dragées, dans toutes ces dragées le sucre ne sert souvent qu'à recouvrir le fiel, peut-être le poison.

« Qu'est-ce que la femme? » se demande M. Proudhon, et il répond :

« La femme est la conscience de l'homme personnifiée. C'est l'incarnation de sa jeunesse, de sa raison et de sa justice, de ce qu'il y a en lui de plus pur, de plus intime, de plus sublime, et dont l'image vivante, parlante et agissante, lui est offerte pour le réconforter, le conseiller, l'aimer sans fin et sans mesure. Elle naquit de ce triple rayon qui, partant du visage, du cerveau et du cœur de l'homme et devenant corps, esprit et conscience, produisit, comme idéal de l'humanité, la dernière et la plus parfaite des créatures. »

Cette mythologie est bien un peu en contradiction avec ce qui a été dit précédemment de l'impureté native de la femme et de son infériorité radicale au triple point de vue physique, intellectuel et moral ; mais M. Proudhon répond que la contradiction ne vient pas de lui, qu'elle est dans le sujet lui-même : La femme n'est qu'un tas d'antinomies !

« La femme est belle. J'ai regretté, je le confesse, de n'avoir pas pour la peindre le style d'un Lamartine : regret indiscret. Assez d'autres célébreront celle que l'univers adore, que l'enfance ne peut regarder sans extase, la vieillesse sans soupirer. Après ce que j'ai dit de ses misères, la seule chose qui me soit permise en parlant de ses allégresses, c'est la simplicité, surtout le calme.

« Quand l'Église nous représente la Vierge dans son immortalité radieuse, entourée de ses anges et foulant aux pieds le serpent, elle fait le portrait de la femme, telle que la pose la nature dans l'institution du mariage.

« Elle est belle, dis-je, belle dans toutes ses puissances; or, la beauté devant être chez elle tout à la fois l'expression de la justice et l'attrait qui nous y porte, elle sera meilleure que l'homme; l'être faible et nu, que nous n'avons trouvé propre ni au travail du corps, ni aux spéculations du génie, ni aux fonctions sévères du gouvernement et de la judicature, va devenir par sa beauté le moteur de toute justice, de toute science, de toute industrie, de toute vertu. »

Vous avez goûté la dragée; au milieu du sucre, vous allez trouver l'amertume. L'auteur continue: « D'où vient d'abord la beauté à la femme? » Notons ceci: « De l'infériorité même de sa nature. » Et voici comment:

« On peut dire que chez l'homme la beauté

est passagère ; elle n'a rien pour lui d'essentiel ; elle n'est pas dans sa destinée ; il la traverse vite, pour arriver au plus tôt à la force. L'homme à seize ans n'est pas encore homme ; la jeune fille, au contraire, est déjà femme, et les années ne lui apporteront rien, si ce n'est peut-être de l'expérience.

« La beauté est la vraie destination du sexe ; c'est sa condition naturelle, son état..... La nature pousse donc rapidement le sexe à la beauté ; ce but atteint, elle l'y arrête. Tandis que l'homme passe outre, elle semble dire à la femme : tu n'iras pas plus loin, car tu ne serais plus belle. »

Nous ne pouvons laisser passer de telles paroles sans protestation.

L'être humain est très-complexe ; c'est une unité multiple. Parmi ses divers attributs se trouve la beauté et se trouve la force. Chez la femme la première est en prédominance ; la seconde prédomine chez l'homme. Mais parce que la nature s'applique surtout à faire la femme belle et l'homme fort, est-ce à dire que l'homme ne soit que force et la femme que beauté ? La femme aussi a sa force, comme l'homme aussi a sa beauté ; mais ils ont, l'un et l'autre, quelque chose de plus : c'est une puissance virtuelle de perfectionnement moral et intellectuel dont le principe est sans doute dans la nature, mais dont les moyens d'action sont dans l'état social. Il n'est pas plus vrai que le développement de la femme s'arrête à la beauté qu'il n'est vrai que le développement de l'homme s'arrête à la force. Quand l'un et l'autre sont arrivés à la plénitude de leur épanouissement physique, c'est alors que commence pour eux la création morale et intellectuelle dont ils empruntent les éléments à la société. La femme une fois femme, comme l'homme une fois homme, se créent un esprit et une conscience ; l'individu acquiert alors un caractère qui lui est propre, caractère d'autant plus marqué, qu'il a développé davantage ses facultés par l'exercice et la volonté. Cette création autonomique, qui se reproduit sur la physionomie et lui donne un caractère, est tout indépendante de ce qui fait la beauté physique comme de ce qui fait la force musculaire. Elle est organique et par conséquent fatale, en ce sens qu'elle est proportionnelle à la puissance des organes et à l'harmonie des facultés ; mais elle est libre aussi, parce que c'est la volonté qui la détermine. Enfin, elle est contingente, parce qu'elle dépend des influences des temps et des milieux. Dans tous les cas, et c'est ce qu'il importe de constater ici, cette création de l'être moral dure autant que les organes dans leur état de santé et de fonctionnement harmonique. En un mot, s'il est vrai que la femme soit une beauté comme l'homme est une force, la femme, comme l'homme, est une conscience qui se crée et une intelligence qui se développe indéfiniment.

S'il n'en est pas ainsi actuellement dans la généralité concrète, n'en accusez que votre ignorance et votre barbarie. Si la création autonomique de l'être moral est peu visible dans notre milieu social, est-ce une raison pour la méconnaître en principe, et ne suffit-il pas de quelques types supérieurs qui se sont produits et se produisent tous les jours pour prouver que l'espèce peut aller au moins jusque-là?

M. Proudhon a écrit une phrase qui devrait lui valoir bien des indulgences, si les femmes les distribuaient : « Ce sont nos misères sociales, nos iniquités et nos vices qui enlaidissent, qui meurtrissent la femme. » C'est là un mot parti du cœur ; est-il bien de lui? Il n'en faut pas moins lui savoir gré de l'avoir dit ; y avoir pensé, c'est l'avoir fait sien, et vis-à-vis du sentiment, cela vaut autant que de l'avoir créé le premier.

M. Proudhon, pour parler dignement de la beauté de la femme, n'a besoin d'emprunter la plume de personne. Il trouve, pour exprimer ses idées sur ce sujet, des façons charmantes ;

il a des mots pleins de caresses, des phrases toutes veloutées, et parfois des jets de sentiment, des éclats de poésie :

« La femme, transparente, lumineuse, est le seul être dans lequel l'homme s'admire ; elle lui sert de miroir, comme lui servent à elle-même l'eau du rocher, la rosée, le cristal, le diamant, la perle, comme la lumière, la neige, les fleurs, le soleil, la lune et les étoiles.

« On la compare à tout ce qui est jeune, beau, gracieux, luisant, fin, délicat, doux, timide et pur : à la gazelle, à la colombe, au lis, à la rose, au jeune palmier, à la vigne, au lait, à la neige, à l'albâtre. Tout paraît plus beau par sa présence ; sans elle toute beauté s'évanouit : la nature est triste, les pierres précieuses sans éclat, tous nos arts, enfants de l'amour et de la beauté, insipides, la moitié de notre travail sans valeur. »

Tout cela est charmant, mais c'est de la poésie, de la littérature ; cela ne prouve rien. Voici venir le raisonnement et tout va se gâter. Il n'y aura plus lieu d'applaudir, il faudra réfuter. Nous citons ce qui suit, c'est important :

« En deux mots, ce que l'homme a reçu de la nature en puissance, la femme l'a obtenu en beauté. Mais prenez-y garde, la puissance et la beauté sont des qualités incommensurables. (Ici puissance veut sans doute dire vigueur ; car il n'y a pas antinomie entre la puissance et la beauté, la beauté étant aussi une puissance.) Établir entre elles une comparaison, en faire l'objet d'un échange, payer des produits de la force la possession de la beauté, c'est avilir cette dernière, c'est rejeter la femme dans la servitude et l'homme dans l'iniquité. Le beau et le juste(1) se touchent par d'intimes rapports, sans doute ; mais ce sont deux catégories à part qui ne sau-

(1) Un des procédés de M. Proudhon consiste à introduire dans ses raisonnements un terme qui n'était pas dans les prémisses et qui vient en modifier les conséquences. Ainsi il s'agit ici de la force et de la beauté ; mais sous la plume habile du subtil

raient donner lieu, dans la société, à une similitude de droits, à une égalité de prérogatives.

« Constatons seulement que si sous le rapport de la vigueur, l'homme est à la femme comme 3 est à 2, la femme sous le rapport de la beauté est aussi à l'homme comme 3 est à 2; que cet avantage ne lui est pas donné sans doute pour la laisser dans l'abjection, et qu'en attendant la loi qui doit régler les rapports des époux, la beauté de la femme est le premier de ses droits, comme elle est la première de ses pensées. »

La lecture de ce paragraphe nous a révélé la source principale des erreurs de M. Proudhon et le secret de ses divers voyages à la recherche de cet *absolu* qu'il a cru trouver tantôt dans la suppression de l'intérêt, tantôt dans l'arrêt de la va-

ergoteur, la force s'est transformée en puissance, puis en justice. Pourquoi parler du beau et du juste, quand il s'agit de la force et de la beauté? Il faut se tenir toujours en garde contre ces tours de passe-passe. Mais que de gens y sont pris!

leur, tantôt dans l'échange sans l'intermédiaire du capital monétaire, et enfin dans la constitution d'un organe juridique, ce qui est bien la plus vaine de ses inventions.

L'erreur fondamentale de M. Proudhon, source de toutes les autres, a été de ne jamais voir la loi dans les choses, d'étudier deux termes dans leurs rapports sans vouloir référer ces rapports à un troisième terme qui en détermine l'expression, la signification réelle.

Je vais tâcher de me faire comprendre sans métaphysique, ou avec le moins possible de métaphysique.

Penser c'est peser. Si nous considérons notre entendement comme un instrument d'appréciation, nous voyons que, semblables à la balance à double plateau, nos facultés sont doubles. Elles saisissent ainsi deux faits, deux choses, dans leurs rapports, et en déterminent la différence. Mais pour déterminer cette différence, il faut une loi commune antérieurement reconnue qui serve de point de repère au double courant, de mesure au double phénomène. Ainsi, dans le fait de comparer deux corps pesants dans leurs rapports de poids, il y a bien les deux plateaux de la balance qui donnent le plus ou le moins; mais pour déterminer la différence, pour l'exprimer et la convertir en fait, il faut un criterium de pesanteur, qui fait partie de la balance, ou que vous y annexez au moment de l'opération (comme les poids), mais qui, dans sa norme unitaire est antérieur et supérieur au fait de pesage, et se rattache à la loi générale de pesanteur. Dans cette opération vous avez soumis un phénomène à sa loi propre, vous l'avez ramené à l'unité; vous avez comparé deux choses entre elles dans leurs rapports avec une loi générale et vous avez formulé un fait nouveau. Eh bien, notre entendement procède de même. Seulement, notre entendement qui est vivant, est à la fois l'agent et l'instrument de l'opération. Comme la balance, il a ses deux plateaux et il a sa mesure propre;

mais l'emploi de la mesure et des plateaux lui appartient. Cependant, comme la balance, il ne fait que reproduire une loi générale. Cette loi, il la contient en lui dans son principe, la résume dans son unité, la représente dans l'ordre idéal, et, tout en lui étant soumis, s'en sert librement pour créer des faits, pour produire des actes intellectuels.

Ici, nous avons pris pour exemple la loi la plus générale que nous connaissions; mais il y a d'autres lois secondaires, spéciales, qui nous fournissent des critères pour les divers ordres de phénomènes.

Nous avons des mesures pour les temps et pour les espaces, nous en avons pour les phénomènes de chaleur, de son, de lumière, pour toutes les manifestations de nos sens, pour tous les faits de la vie naturelle et de la vie sociale.

En un mot, il ne se présente rien que nous ne puissions rattacher d'une manière plus ou moins médiate à une loi générale; il ne se produit aucun phénomène qui ne soit le résultat d'un double rapport et d'une loi; et de même dans l'entendement, il ne peut y avoir ni idée ni connaissance sans la double condition de la loi et des rapports, ou, en d'autres termes, sans deux faits, et un troisième déjà accepté, servant de commune mesure aux deux autres faits, et représentant des faits ou plutôt des notions antérieures ramenées à une unité de formule, c'est-à-dire à une loi plus ou moins générale. C'est là le procédé par lequel dans l'ordre cosmique, comme dans l'ordre intellectuel, les faits concrets, toujours complexes et multiples, se ramènent à l'unité abstraite. A mesure qu'un fait se produit, il est saisi par la loi, et L'ORDRE RÈGNE. Tout fait que nous ne pouvons pas ramener à une loi reste pour nous inexplicable. S'il pouvait, dans l'ordre naturel, se produire un phénomène qui ne rentrât pas dans une loi générale, il y aurait dans le monde un élément de perturbation; l'ordre serait troublé. Tel est l'emploi du miracle. C'est pourquoi tous les marchands de miracles sont *moralement* des perturbateurs.

Je ne sais si je suis parvenu à me faire comprendre. L'analyse des remèdes proposés comme des panacées par M. Proudhon nous permettrait de jeter quelque clarté sur le sujet; mais ce serait long et en dehors de notre cadre. Nous citerons seulement un de ces remèdes, et la principale raison qu'il donnait de son efficacité.

Dans son programme de la Banque du Peuple, qui avait, comme on sait, pour but de fournir un organe à l'échange des valeurs sans l'intermédiaire métallique, M. Proudhon, considérant l'argent comme une valeur parasite, prétendait que son emploi, onéreux aux producteurs, était inutile dans l'échange, et assurait qu'il pouvait être supprimé dans la circulation comme dans la création des produits. Pour faire comprendre toute l'inutilité de ce *lien général*, il supposait l'introduction d'une syllabe commune, et toujours la même, entre toutes les syllabes de la langue, comme dans cette phrase: La *fi* - mon - *fi* - naie - *fi* - a - *fi* - é - *fi* - té - *fi* - in - *fi* - ven - *fi* - tée - *fi* - pour - *fi* - en - *fi* - tra - *fi* - ver - *fi* - l'é - *fi* - chan - *fi* - ge. Tout cela veut dire : *La monnaie a été inventée pour entraver l'échange*. L'argent, d'après lui, se mettait de la même manière entre toutes les valeurs et embarrassait l'échange et la circulation, comme cette syllabe interposée embarrassait le langage.

Eh bien, dans sa critique du rôle de la monnaie métallique, M. Proudhon, en faisant *fi* de cet intermédiaire, commettait cette faute de ne tenir compte que des rapports, et de méconnaître l'élément unitaire qui leur donnait un caractère universel et les faisait rentrer sous la loi. Les rapports résultent des valeurs mises en présence par les échangistes ; mais la loi appartient à la valeur commune qui sert à les apprécier, à les taxer, à les déterminer, à les *exprimer*, pour ainsi dire, à l'entendement de tous, et à les révéler, en quelque sorte, l'une à l'autre.

En d'autres termes, dans le fait d'échange, il ne suffit pas de deux puissances individuelles, d'un vendeur et d'un acheteur, il faut encore une troisième puissance qui, en fixant la valeur, fasse l'unité entre les parties, et rattache le fait particulier d'échange à une loi générale reproduite dans l'ordre social.

Cette troisième puissance représente donc l'intervention de la société elle-même.

Et il en est ainsi, parce que la monnaie métallique n'est pas seulement un type destiné à ramener les autres valeurs à une certaine unité de mesure (le franc, la livre); elle est aussi, et c'est ce qui fait sa supériorité, une valeur réelle ayant un caractère absolu, je veux dire universellement accepté. Cette propriété d'universalisation qu'elle possède, elle la donne au fait particulier d'échange ou de vente et d'achat ; de sorte que toute valeur par son rapport adéquat avec elle, de valeur particulière qu'elle était, devient valeur universelle, c'est-à-dire qu'elle est acceptée partout et par tous.

L'erreur de M. Proudhon est la même lorsque, comparant l'homme à la femme, il assure que leurs produits ne sont pas équivalents. Il aurait raison sans doute s'il s'agissait de chercher l'équivalence des produits dans le troc direct de ceux qui appartiennent à la force avec ceux qui appartiennent à la beauté. Il put en être ainsi dans les âges primitifs. Là où il n'y a que deux termes, un homme qui représente la force, une femme qui représente la beauté, je ne vois point d'équivalence possible, point de loi d'échange dans les produits, partant point de justice. D'un côté, il doit y avoir violence et abus de pouvoir; de l'autre, assujettissement, tempéré quelquefois par la ruse ou amorti par la séduction. Mais l'état social, en se constituant et se développant, a dû changer cet état de choses. La force dans l'état de société, ne se trouve plus en rapport immédiat avec la beauté. Un intermédiaire existe, un organisme s'est formé qui reçoit les produits de la beauté, les transforme et les convertit en richesses sociales, en éléments de civilisation. Les rapports entre l'homme et la femme se rencontrent dans cet organisme qui leur donne un caractère d'unité et de généralité, et d'où ils sortent équilibrés, soumis à la loi et *équivalents* par rapport à l'ordre social et à l'ordre universel. Ainsi, quand M. Proudhon estime que pour la vigueur, l'homme est à la femme comme 3 est à 2, tandis que pour la beauté, la femme à son tour est à l'homme comme 3 est à 2, il fournit les éléments d'une équation bien simple, si au lieu de se placer, comme il le fait, au point de vue de l'homme ou au point de vue de la femme, on se met au point de vue de la société, le seul vrai, le seul juste, le seul où l'on puisse juger l'un et l'autre terme. L'homme comme force donne à la société 3, comme beauté il donne 2 ; la femme, de son côté, donne 2 comme force et 3 comme beauté. Donc, l'homme donne 5 et la femme 5. Donc, dans une société qui est force et beauté tout ensemble, la femme donne autant que l'homme. Donc, il y a équivalence ; donc, il doit y avoir égalité d'avantages, égalité de protection, égalité de droits et de devoirs. Est-ce clair ?

Qu'on nous permette encore quelques citations : « Auxiliaire du côté de l'esprit, par sa réserve, sa simplicité, sa prudence, par la vivacité et les charmes de ses intuitions, *la femme n'a que faire de penser elle-même.* Se figure-t-on une savante cherchant dans le ciel les planètes perdues, calculant l'âge des montagnes, discutant des points de droit et de procédure ? La nature, qui ne crée pas de doubles emplois, a donné un autre rôle à la femme ; c'est par elle, c'est par la grâce de sa divine parole, que l'homme donne la vie et la réalité à ses idées, en les ramenant sans cesse de l'abstrait au concret ; c'est dans le cœur de la femme qu'il dépose le secret de ses plans et de ses découvertes, jusqu'au jour où il pourra les produire dans leur puissance et leur éclat. Elle est le trésor de sa sagesse, le sceau de son génie : *Mater divinæ gratiæ, sedes sapientiæ, vas spirituale, virgo prudentissima.* Auxiliaire du côté de la justice, elle est l'ange de patience, de résignation, de tolérance, *virgo clemens, virgo fidelis.* »

Suit une poétique paraphrase des litanies de la sainte Vierge, qui prouve chez l'auteur, sinon une véritable sentimentalité, au moins une grande chaleur de sang. « Jamais, dit-il en terminant, je n'ai pu entendre chanter ces litanies sans un frisson de volupté : *O pia! o benigna! o regina!* c'est à devenir fou d'amour..... »

C'est avoir le cœur tendre à la tentation !

lui dirions-nous avec Dorine, s'il ne se hâtait de nous rassurer par cette profane apostrophe que nous avons eu déjà l'occasion de relever : « Et l'amour, même inspiré par la religion, même sanctionné par la justice, je ne l'aime pas! » Hélas!

« La femme n'a que faire de penser elle-même ! » Juste la parole du roi de Naples : « Mon peuple, disait-il, n'a que faire de penser lui-même ; je me charge de penser pour lui ! » Heureux rapprochement d'idées entre l'autocratie royale de par le droit divin, et l'autocratie masculine de par la logique proudhonienne !

Finissons, car aussi bien M. Proudhon n'a plus rien à nous apprendre. Il continue ainsi, pendant bien des pages, mêlant les satires aux compliments, débitant des choses souvent contradictoires, enfilées par une logique boiteuse, et présentées toujours sous un point de vue faux parce qu'il est exclusif.

L'exclusivisme de son point de vue jette sur tout ce qu'il dit, sur les vérités mêmes qu'il rencontre, une fausse clarté qui les rend douteuses et suspectes.

Monsieur Proudhon, vous êtes décidément un grand écrivain : vous avez la chaleur entraînante et communicative, vous avez la passion et vous avez le style, vous avez l'art d'inventer et de charpenter, vous savez exciter l'intérêt et tenir l'attention en éveil, vous connaissez le truc de l'art et les ficelles du métier, vous préparez habilement les effets et vous entendez admirablement la tirade...... mais vous manquez de sens commun. Pourquoi ne faites-vous pas des mélodrames avec ou sans musique? vous y auriez beaucoup de succès.

RÉSUMÉ SYNTHÉTIQUE

D. *Qu'est-ce que la femme?*

R. *Naturellement*, la femme est la femelle de l'homme; elle représente une des deux moitiés de l'espèce humaine, et contribue pour moitié à constituer et à maintenir les lois inhérentes à son espèce: elle vaut donc, devant la nature, ce que vaut le mâle, qui représente l'autre moitié, ni plus ni moins.

Socialement, la femme est la moitié du couple, sans lequel la société ne saurait exister. Elle fournit à la société des éléments autres que ceux que l'homme y apporte, mais qui ne lui sont pas moins indispensables. C'est l'accord des éléments féminins et des éléments masculins qui fait l'harmonie sociale, et c'est leur combinaison qui détermine le progrès de l'humanité.

D. *La femme est-elle une personnalité autonome?*

R. La femme, considérée en elle-même, est une individualité; elle a ses lois propres qui se combinent avec les lois naturelles; en un mot, elle est un être. Elle acquiert la connaissance des lois générales auxquelles elle est soumise et dont elle s'empare par l'intelligence: elle est donc une personnalité. Enfin, elle est libre dans sa conscience et fait sa loi morale: elle est donc autonome.

Ce que nous venons de dire est vrai de l'être humain. Nous l'avons considéré au point de vue de la femme; nous aurions pu le considérer au point de vue de l'homme, les définitions eussent été les mêmes.

D. *Si l'homme est une personnalité et la femme une personnalité, l'homme et la femme sont donc deux êtres? Comment alors peut-on dire que le couple forme l'être social?*

R. Évitons les logomachies, elles viennent toujours de la confusion que l'on fait du concret et de l'abstrait.

En réalité, il n'y a point d'être humain, d'être

social, en dehors de l'homme ou en dehors de la femme : l'être social, c'est l'homme; l'être social, c'est la femme.

Mais comme dans l'espèce le mâle et la femelle s'unissent pour créer un être nouveau, de même dans l'état de société l'homme et la femme, se complétant l'un par l'autre, donnent lieu, par leur union, à une création morale qui n'est pas un être réel, mais qui, par rapport à la société, représente un véritable organisme. Seulement, il ne faut pas perdre de vue que cet organisme, qu'on appelle l'être social, ne serait qu'une vaine abstraction si l'on voulait le considérer en dehors de l'homme et de la femme; sans le mâle et la femelle, le couple n'est pas.

Ainsi phénoménalement, l'être social n'est rien. Il ne saurait tomber sous nos sens; mais, abstractivement considéré, il est le résultat des qualités propres à l'homme et des qualité propres à la femme.

D. *La femme est-elle l'égale de l'homme?*

R. On rougit d'avoir à poser une pareille

question. Elle est à la fois injurieuse et stupide.

Devant la nature, tous les êtres d'une même espèce sont égaux, parce que les lois de l'espèce sont pour tous les mêmes. Devant la société, tous les êtres qui composent cette société sont égaux, parce qu'elle-même n'est que la résultante de leurs rapports unis par une loi commune.

S'il existe des inégalités entre les hommes, c'est que la société même ne les atteint pas dans tous leurs rapports.

Partout où il y a société, il y a loi, et partout où il y a loi, il y a harmonie de rapports, c'est-à-dire égalité. La femme fournissant à la société des éléments sociaux non moins essentiels que ceux que l'homme lui fournit, la loi qui résulte de leurs rapports réciproques n'a, pour faire l'unité, qu'à les résumer dans une formule générale. Quant à la diversité des fonctions, elle contribue à l'harmonie et aboutit, par la loi commune, à l'équivalence, qu'il ne faut pas confondre avec l'équilibre, pas plus qu'il ne faut confondre l'égalité avec l'uniformité. L'équilibre appartient à la loi, jamais au fait. S'il y avait équilibre parfait entre deux phénomènes, il n'y aurait plus de comparaison, plus de jugement possible ; si entre deux forces concrètes, il n'y aurait plus mouvement ; de même, s'il y avait égalité parfaite dans le sens d'uniformité ou de ressemblance entre deux êtres, il n'y aurait plus action, il n'y aurait plus vie. L'équilibre appartient à la force abstraite, à la loi mathématique. L'égalité, de même, est le propre de la loi. C'est parce que la loi est le résultat des rapports et que les rapports sont soumis à la loi, qu'il y a égalité. Supprimez la société, il n'y a plus de loi commune, partant plus d'égalité entre les hommes, mais aussi il n'y a plus de rapports vrais. Il y aura guerre, poursuite, massacre, chasse à l'homme, anthropophagie.

On le voit, les termes paix, société, *égalité*, sont solidairement unis ; ils appartiennent à une même série dont l'antinomique est guerre, sauvagerie, *inégalité*, etc.

Je me résume.

La femme est l'égale de l'homme devant la nature, parce qu'elle appartient à la même espèce, et que la loi est *une* chez tous les êtres de la même espèce.

La femme est l'égale de l'homme devant la société, parce que la loi sociale est *une* pour tous les membres de l'association et implique la réciprocité des droits, des devoirs et l'équivalence des fonctions.

D. *Si la femme est l'égale de l'homme, vous accorderez bien au moins qu'elle est différente par ses puissances organiques, par ses aptitudes, et, dès lors, vous ne refuserez sans doute pas de déterminer quel est, dans la société, le rôle de l'homme et quel est le rôle de la femme?*

R. La nature ne connaît pas de double emploi. La société ne doit pas en connaître. Les deux éléments dont la combinaison forme l'être social ne sont pas identiques; s'ils l'étaient, ils ne constitueraient pas un organisme nouveau. Chaque être humain a des aptitudes qui lui sont propres, parce qu'il possède des qualités prédominantes. Parmi ces aptitudes, il en est qui ont un caractère masculin, d'autres qui ont un caractère féminin. Rien de plus facile que de classer les fonctions sociales sous l'une ou l'autre étiquette; mais il faut bien se garder, dans l'application, de donner à tous les hommes toutes les qualités masculines, et à toutes les femmes toutes les qualités féminines. La pratique fourmille d'exceptions. Ainsi, la force musculaire est prédominante chez l'homme, mais il y a bien des femmes plus vigoureuses que certains hommes. Les exceptions deviennent encore plus nombreuses dans le domaine intellectuel. Il existe bien des intelligences mâles parmi les femmes, et il n'est pas rare de rencontrer des hommes qui ont les qualités de finesse, d'acuité, de pénétration, qui sont plus particulièrement l'apanage du sexe faible. De même pour le sentiment, il est des hommes chez qui il se manifeste par une sensibilité féminine, et il existe des femmes qui poussent la fermeté des nerfs jusqu'à la roideur, l'énergie du cœur jusqu'à la sécheresse, jusqu'à la dureté.

Si donc il est utile, au point de vue de l'organisation sociale, de se rendre compte des fonctions qui représentent l'élément féminin et de celles qui représentent l'élément masculin, il serait très-dangereux pour la liberté de vouloir déterminer d'avance les rôles respectifs des hommes et des femmes, et de parquer les uns et les autres dans des fonctions imposées par la sexualité de chacun.

Du moment où l'on considère la loi comme étant l'expression propre, individuelle des êtres, il n'est plus permis de l'inventer. Au point de vue naturel, il faut l'étudier dans l'organisme et la faire dériver des fonctions propres de cet organisme ; au point de vue social, elle doit être librement formulée par l'être moral lui-même. Chaque personnalité libre et intelligente fait sa loi propre, réalise son autonomie lorsqu'elle met ses actes en harmonie avec ses facultés, lorsqu'elle établit l'équation de ses fonctions avec ses aptitudes. Les attractions sont proportionnelles aux destinées, a fort bien dit le fondateur de l'école phalanstérienne.

Qu'il s'agisse de l'homme ou de la femme, l'être humain étant une activité consciente et intelligente, ne doit jamais être contraint dans l'exercice de ses facultés. La société n'étant pas une autorité *suî generis*, une puissance externe, et n'existant que par le concours des personnalités qui la composent, se nie dans son principe même, lorsqu'elle pénètre dans la sphère de la personnalité pour en arrêter arbitrairement l'expansion légitime. La sphère de chacun n'a pour limite que la sphère d'autrui. La société n'a pas de sphère qui lui soit propre, au moins par rapport aux êtres sociaux. Elle est le milieu dans lequel ces êtres fonctionnent, comme l'éther est le milieu dans lequel les sphères célestes, pondérées les unes par les autres selon leurs lois propres de gravitation, font leurs révolutions sans s'écarter jamais de leur orbite.

Ainsi, laisser les fonctions sociales également accessibles à toutes les activités intellectuelles et morales, sous la seule condition du mérite et sans considération de sexe, telle est l'obligation morale de toute société fondée sur la reconnaissance de l'autonomie de l'être humain. Ne pas accepter cette obligation, en ce qui concerne la femme, reviendrait à exclure la femme de l'humanité : ce serait lui refuser les attributs de l'être humain (1).

D. *Que faut-il penser de cet apophthegme : La femme est le complément de l'homme?*

(1) Faisons cependant remarquer que nous ne raisonnons, dans toute cette étude, qu'au point de vue des principes, et que nous ne prétendons pas en exiger la réalisation sans tenir compte des temps et des lieux. Pour une foule de fonctions sociales les femmes généralement sont loin d'être majeures. Mais beaucoup d'hommes aussi sont loin d'être majeurs moralement et intellectuellement, ce qui n'a pas empêché la Révolution de proclamer le droit de tous les Français à tous les emplois. La Révolution a effacé, en principe, les différences de condition entre les hommes. C'est aussi en principe qu'il s'agit de les effacer entre les sexes. Faisons-nous d'abord une idée juste des droits de chacun; il appartiendra ensuite aux générations futures d'entrer dans la voie de la réalisation en augmentant par l'éducation le nombre des intelligences majeures dans l'un et dans l'autre sexe et dans toutes les classes de la société.

R. Il faut l'accepter en le complétant par cet autre qui lui est semblable : L'homme est le complément de la femme. C'est affaire de point de vue. Les deux sexes sont également indispensables à la formation de l'être social, et dans l'ordre individuel l'homme ne peut pas plus se passer de la femme que la femme de l'homme.

D. *Et par rapport au progrès, à l'idéal, à la conscience, quelle est la part d'influence de la femme?*

R. Elle est égale à celle de l'homme.

Le progrès se perpétue par les rapports sociaux des hommes et des femmes, comme l'espèce se perpétue par leurs rapports naturels. Mais il n'est pas plus vrai d'attribuer à la femme le rôle de l'*idéal*, qu'il n'est vrai d'attribuer à l'homme le rôle exclusif de l'*activité*. L'idéal de l'être humain, c'est sa propre image élevée, agrandie, ennoblie par l'imagination. Seulement, l'homme cherche cet idéal dans la femme, la femme dans l'homme ; l'amour, comme l'attraction, poussant les êtres à s'unir par leurs pôles différents, c'est-à-dire à se compléter. C'est dans le même sens qu'il est vrai de dire que la femme est la conscience de l'homme, en ayant soin d'ajouter que l'homme est la conscience de la femme; mais il serait plus simple et plus exact de considérer la conscience de la femme comme le miroir où l'homme regarde son être moral, de montrer la femme se mirant et s'examinant dans la conscience de l'homme. L'homme et la femme sont aussi l'un pour l'autre un moyen de perfectionnement et de progrès, comme ils peuvent devenir l'un pour l'autre une source de chute et d'abaissement. Il importe donc aux hommes de ne pas laisser les femmes croupir dans le vice, la superstition ou l'ignorance. Toute conscience de femme faussée, obscurcie ou corrompue, devient pour l'homme qui s'y regarde une source d'empoisonnement moral. Elle lui fournit un faux criterium qui trouble son jugement et un idéal arriéré qui l'habitue à marcher à reculons, c'est-à-dire à amoindrir son être moral, au lieu de le développer et de l'agrandir comme le voudrait sa destinée.

D. *Dans votre analyse des éléments masculins et féminins dont la combinaison forme l'être social, quelle est la part de la femme par rapport à la religion, à la justice, à l'administration sociale? Et d'abord quelle est-elle en ce qui concerne la religion?*

R. La religion étant la fonction la plus générale de l'être humain, puisqu'elle doit être regardée comme le lien qui unit, non-seulement tous les hommes entre eux, mais qui rattache en outre chacun de nous à tous les êtres et à Dieu lui-même, soit qu'on confonde l'idée de Dieu avec celle du tout universel, avec la nature, ou qu'on voie sous ce mot une personnalité distincte, la religion, disons-nous, parce qu'elle est une fonction sociale qui embrasse toutes les autres fonctions, appartient également à tous les sexes; je dis à tous les sexes, parce que les enfants qui représentent comme un troisième sexe ont aussi un rôle dans le fonctionnement religieux . . . . .

D. *Quel est le rôle de l'élément féminin dans la justice?*

R. Toute loi sociale étant un criterium commun auquel on rapporte les actions de chacun, il s'agit, dans tous les cas judiciaires, de comparer les rapports à la loi, les faits à la règle, la pratique à la théorie.

Mais tandis que la loi est simple, les faits sont toujours complexes, enchaînés logiquement à d'autres faits inconnus; il arrive très-souvent qu'ils appartiennent, au moins en partie, à d'autres lois qu'à celles auxquelles on les rapporte. En un mot, par la complexité et l'indéfinité de leurs éléments, ils échappent dans leur totalité à notre appréciation. La pratique de la justice n'a donc lieu que par à peu près. Mais l'absolu n'est en nous que par l'idée, et nous devons nous contenter d'une justice relative, comme d'un amour relatif, comme d'une science relative; la loi sociale, pourvu qu'elle soit connue de tous ceux qui y sont soumis, et acceptée par la conscience générale, est un criterium suffisant pour une justice sociale. Seulement, il ne faut pas perdre de vue que cette loi sociale est morte et qu'il s'agit de juger des êtres vivants, qu'elle est une simple abstraction et qu'il s'agit de juger des faits concrets, partant complexes. Si l'on avait à comparer ensemble des idées de même ordre ou des objets homogènes, le jugement entre des rapports de même nature serait simple et probablement juste ; mais l'on a à comparer des actes humains à des idées, et à appliquer des lois identiques à des personnalités inégales en intelligence, en savoir, en lumière, en force, en moralité, en liberté, et soumises aux influences les plus diverses, de temps, d'âge, d'éducation et de milieu. C'est pourquoi, dans la théorie de la justice, il ne faut pas seulement voir l'idée abstraite du droit puisée dans le sentiment que nous avons de notre dignité en reportant à autrui ce même sentiment; il faut y voir l'appréciation des faits dans leurs rapports avec le droit, et dans la pratique de la justice on ne doit pas seulement se préoccuper de *l'égalité essentielle* des êtres soumis à la même loi, on doit aussi tenir compte de leur *inégalité potentielle.*

Il résulte de ce qui précède, que ceux-là se rapprochent le plus de la justice, qui, en même temps qu'ils représentent le plus purement la loi sociale, représentent aussi le plus exactement les individualités phénoménales; ou en d'autres termes, ceux-là seront les meilleurs juges qui, en même temps qu'ils connaîtront la loi et lui obéiront, se mettront le mieux à la place de ceux qu'ils ont à juger.

Mais si la connaissance de la loi appartient à l'entendement, la compassion (*souffrir, sentir* avec), appartient au sentiment. La justice n'est donc pas seulement d'ordre intellectuel, elle est aussi d'ordre affectif. Pour juger son prochain, il ne faut pas seulement savoir abstraire, il faut aussi savoir aimer. Un juge qui ne serait pas susceptible d'attendrissement serait un juge détestable, presque un bourreau. Les hommes l'ont si bien compris, qu'ils n'ont jamais pu se faire l'idéal d'un juge implacable. Leurs divinités, même les plus barbares, ont toujours été accessibles à la pitié. De là, les prières, les conjurations, les sacrifices. Le *fatum*, le destin, la seule conception qui eût chez les Grecs et chez les Romains un caractère immuable, n'a jamais été personnifié. Il est resté en dehors de l'Olympe et privé d'adorateurs. C'est que la religion ne peut admettre que ce qui est vivant, et ne peut embrasser que des conceptions ayant les attributs de l'être.

Si le sentiment, si l'amour est un élément de la justice sociale, il est évident que l'être en qui, dit-on, le sentiment prédomine, que la femme a une part d'influence dans la pratique de la justice et un rôle à y exercer ; ce sera, si l'on veut, un rôle de compassion, d'intervention miséricordieuse qui pourra avoir sa source dans des faits pris en dehors de la cause même, quoique se rattachant à la personne des accusés ou des parties; mais ce rôle existe, cette influence est salutaire (1).

(1) Ce n'est pas assez cependant, et nous croyons que la civilisation actuelle peut faire davantage. Si l'on doit peut-être pour longtemps encore prendre les représentants de la loi dans le sexe qui jusqu'ici s'est élevé le plus haut dans la conception abstraite du droit, il serait bon, il serait sage, il serait équitable de choisir dans l'un et l'autre sexe les personnes chargées d'apprécier les faits et de décider les questions toutes pratiques de culpabilité ou d'innocence.

L'institution du jury, pour réaliser la loi dans ce qu'elle a de vivant, a besoin de représenter la société sous son double aspect. Cette institution, par la simplicité de ses rouages, la facilité de ses fonctions, permet l'introduction dans son sein des personnes majeures de l'un et de l'autre sexe; l'adjonction des femmes ne lui ôterait rien de sa gravité, et lui ajouterait quelque chose en sentimentalité, en mansuétude et aussi en tenue, en solennité, en éclat.

Partout où les femmes manquent, les hommes se tiennent mal et négligent de s'élever, ou tout au moins de montrer tout ce qu'ils valent.

Mais c'est surtout pour les accusés que la vue des femmes serait douce, salutaire.

Pour le jeune homme traduit devant un tribunal pour une première faute, un crime peut-être, quel motif d'espoir, quel sujet d'attendrissement et peut-être de repentir, que l'aspect de cette femme qui va prononcer sur son sort et qui lui rappelle celle à qui il doit le jour! Pour la jeune fille qui a commencé par une faiblesse et qui, pour dissimuler sa honte, a commis un crime, que de raisons pour elle de compter sur la justice humaine, quand elle sait que cette justice a un cœur de femme comme le sien et des entrailles de mère! Croit-on que cette malheureuse qui, séduite ou achetée par un homme, puis abandonnée à sa honte et à sa misère, est devenue infanticide, se croie jugée par ses pairs lorsqu'elle n'a devant elle que des hommes? Etre jugé par ses pairs, c'est être jugé par ceux qui peuvent se mettre à notre place et sentir comme nous avons senti. Demandez donc à ces jurés et à ces juges, quelque justes que vous les supposiez, s'ils peuvent comprendre, eux qui sont hommes, les tourments et les misères, les orgueils et les hontes de la femme et de la jeune fille. C'est impossible.

Je sais bien que ce n'est pas ainsi qu'on comprend généralement la justice, et que beaucoup en excluent le sentiment. La rigueur leur paraît la première sauvegarde de l'ordre. Voilà bien longtemps, cependant, que la rigueur s'est faite la compagne de la justice; on ne voit pas quel bien en est résulté. Ne serait-il pas temps d'essayer un peu de la charité, de la charité éclairée et sympathique, de celle qui souffre des douleurs d'autrui et qui veut les soulager? ou plutôt, ne serait-il pas temps de comprendre la justice, non pas comme une vengeance, mais comme une réparation, et de faire de la pénalité même un moyen de purification pour le crime, une cause d'amélioration morale pour le criminel?

Si nous désirons la participation des femmes à la pratique de la justice quand il s'agit des personnes, à plus forte raison la désirons-nous quand il s'agit des intérêts, par exemple, dans les tribunaux de prud'hommes. Lorsqu'il s'agit des états exercés par les femmes, ne conviendrait-il pas que parmi les juges qui ont à prononcer sur les rapports des entrepreneurs, ou entrepreneuses avec leurs ouvrières, les femmes fussent largement représentées? Ceci au point de vue de la compétence aussi bien qu'au point de vue de l'équité.

R. Tant que l'État n'a représenté que la force, tant que la société n'a été organisée que pour la guerre, le rôle de la femme dans l'administration a dû être nul. Mais à mesure que le règne de la force s'efface, à mesure que la société s'organise pour la paix, le rôle de la femme acquiert plus d'importance et d'étendue, l'élément qu'elle représente se mêle à toutes les fonctions sociales, et dans beaucoup d'entre elles devient prédominant. La charité, la fraternité, sont des vertus féminines qui font tous les jours des conquêtes dans les cœurs et veulent être représentées socialement par des institutions propres. Le luxe, la richesse, le goût du beau, se répandent de plus en plus, et par leur développement étendent le domaine de la femme. Là où l'élément féminin acquiert une si grande importance, il est impossible que les femmes ne soient pas appelées à remplir les rôles qui leur appartiennent. Elles en remplissent déjà un certain nombre. A mesure qu'elles s'élèveront en intelligence, elles sauront en conquérir de moins secondaires. Quant à nous, notre mission doit se borner à proclamer le principe d'égalité ou d'équivalence des deux éléments, masculin et féminin, dans les fonctions administratives comme dans les autres, en faisant remarquer qu'il ne s'agit pas de réclamer entre hommes et femmes le partage des fonctions, mais seulement de reconnaître la libre accession de tous, femmes ou hommes, aux fonctions auxquelles chacun est le plus propre.

D. *Quelle est la part d'influence que vous réservez à la femme dans la famille?*

R. Comme nos contradicteurs, nous voulons que l'influence de la femme dans la famille soit toujours présente. Mais nous ajoutons que, pour que cette influence soit salutaire, il faut que la femme acquière la libre possession d'elle-même et que l'ignorance, les préjugés, la superstition, cessent de faire obstacle à son développement moral et intellectuel. Lorsque la femme jouira de son autonomie, ses vertus familiales n'auront rien perdu de leur force, mais sa puissance sociale aura augmenté. Son intelligence, son sentiment, pour irradier plus loin que la famille, n'en auront pas moins leur siége et leur foyer dans l'esprit de l'épouse, dans le cœur de la mère. Si la société n'est que la famille agrandie, — ce que nous n'admettons pas, la société étant autre chose que la famille, — il faut bien que les éléments de la famille se *socialisent* dans leur double nature ; il faut bien que l'influence de la femme se fasse sentir, comme celle de l'homme, dans le cercle agrandi de leur activité.

D. *Que dites-vous de l'amour?*

R. Je dis que l'amour est un attribut essentiel de l'être et qu'il est, dans ses manifestations, proportionnel à l'individualité vivante qui l'éprouve. Cela est vrai de l'être humain comme de tous les êtres. Chez l'être humain, il s'élève et se purifie, en passant de la partie animale à la partie morale et intellectuelle, s'élevant et se purifiant à mesure que l'être social s'éclaire et s'améliore moralement.

D. *Quelle idée vous faites-vous du mariage?*

R. Le mariage, considéré en dehors du sacrement religieux, n'est autre chose que la publication d'une union librement consentie entre deux individus de sexe différent. L'homme et la femme représentent deux rejetons détachés de deux troncs, de deux familles différentes, lesquels s'unissent pour former un nouveau tronc, point de départ d'une nouvelle famille.

Dans le fait du mariage, je vois les deux conjoints, la famille et la société.

1° En ce qui regarde les conjoints, je dis que le mariage doit être avant tout une union libre, motivée, inspirée des deux parts par l'amour : ainsi le veut la nature. C'est l'attrait réciproque qui légitime et sanctifie en quelque sorte les rapports charnels.

2° Le rôle de la famille se borne à une intervention toute morale. Le consentement des pères et des mères ajoute beaucoup de valeur à l'amour des époux, en l'abritant sous les ailes de la famille. L'union prend, par l'approbation des parents, un caractère de pérennité et de généralité qu'elle n'aurait pas eu si elle était restée isolée et individuelle.

Les générations se rattachent ainsi les unes aux autres et ont conscience du lien qui les unit.

3° Enfin, le rôle de la société consiste à socialiser un fait d'ordre individuel, à rendre publique et authentique une union inter-sexuelle, et à prendre acte de la situation nouvelle faite à deux de ses membres.

Que le mariage doive être monogame, notre sentiment et notre raison le demandent, l'intérêt de l'espèce l'exige, la morale l'ordonne. Mais que le mariage doive être indissoluble, voilà ce qui me paraît impossible à concilier avec la liberté, avec l'autonomie, et même avec les bonnes mœurs.

Il est bien entendu que nous n'entendons pas parler ici du mariage religieux. Le sacrement introduit sans doute dans la question des éléments tout nouveaux. L'intervention divine lui donne peut-être une vertu qu'il n'avait pas : d'une union transitoire, comme tout ce qui est humain, il a fait miraculeusement une union éternelle. Les dogmes admis, la logique peut soutenir la perpétuité du mariage, même au delà du trépas.

Mais, en dehors de toute intervention supra-humaine ou extra-sociale, il n'est rien qui puisse justifier la perpétuité d'un engagement ayant pour objet la mise en commun de deux personnalités, parce qu'il n'est rien qui puisse justifier l'annihilation de la personne, l'abjuration de la volonté, pas même le consentement volontaire.

Le mariage, dira-t-on, ne constitue pas l'annihilation de la personne. Non, quand l'amour est harmonique, parce que les deux personnes n'en font qu'une par l'accord du sentiment. Leur cœur vibrant à l'unisson, la loi d'harmonie finit toujours par mettre un terme aux divisions momentanées de l'esprit ou du tempérament; mais lorsque les deux époux sont devenus odieux l'un à l'autre, lorsque la vie commune leur est insupportable, la mise en commun de la personne est le pire de tous les esclavages.

La séparation légale remédie jusqu'à un certain point à cet état de choses; mais ce n'est là qu'une transaction hypocrite entre le fait et la loi. Cependant, c'est déjà la reconnaissance de ce fait : qu'il est impossible d'obliger deux êtres libres à tenir toute leur vie les serments qu'ils se sont faits un jour. La négation des vœux éternels, tel est, au bout du compte, le principe de notre loi civile. Il ne s'agit plus que de réaliser ce principe dans le mariage.

La séparation de corps, qui oblige les époux à vivre chacun de leur côté et ne leur permet pas de contracter une nouvelle union, est un encouragement aux plus mauvaises mœurs. Elle interdit au mari le concubinat pour le jeter au lupanar ; car s'il avait une concubine, la femme séparée de corps pourrait encore le faire condamner comme adultère.

Quant à l'épouse, que deviendrait-elle si elle avait le malheur d'être mère ? Et si elle le devient, l'époux est reconnu le père de l'enfant d'un autre. Ainsi, toutes les fois que l'on méconnaît la loi de nature, on crée le désordre, puis on cherche à le dissimuler par le mensonge et l'hypocrisie. Mais e mensonge et l'hypocrisie ne remédient à rien, le mal reste, et le corps social se gangrène de plus en plus.

« La pérennité du mariage constitue seule, dit-on, la famille, et la rend durable. Si vous permettez au père et à la mère de se séparer, la famille se dissout ; si, de plus, il leur est possible de se remarier et qu'ils le fassent l'un et l'autre..... » eh bien, répondons-nous, dès ce moment la famille est reconstituée. Les enfants ont une double famille ; ils vont être aimés par quatre, au lieu d'être aimés par deux. « Mais, continue-t-on, vous introduisez des éléments de discorde dans les familles : la mère préférera toujours ses enfants à ceux de l'autre. » Nous ne voyons pas grand inconvénient à ce que la mère ait plus de tendresse pour les enfants issus d'elle, dès l'instant qu'elle n'éprouve pas de haine pour les autres.

Et pourquoi les haïrait-elle ? Parce qu'ils viennent diminuer la part de fortune qu'auraient les siens. Ici nous rencontrons l'héritage, unique cause de la destruction des familles, source de toutes les haines fraternelles, origine de tant d'empoisonnements d'époux et de tous les parricides. Ah! si l'on voulait purifier la famille de toutes les impuretés qui la souillent et la corrompent; si l'on voulait asseoir le respect filial sur le sentiment et non sur l'intérêt!....

Mais non; nous aimons bien mieux perpétuer les institutions du patriarcat dans une société qui n'est rien moins que patriarcale. . . . . .

. . . .

En résumé, nos idées sur le mariage n'ont rien de bien nouveau et surtout rien de bien menaçant. Nous demandons que le mariage perde, par la possibilité du divorce, son caractère d'absolue pérennité. L'absolu ne vaut jamais rien dans les faits. Toutes les fois qu'on l'introduit dans les actes humains qui sont tous relatifs, on prépare le désordre et l'on amène fatalement la contradiction. L'absolu doit rester dans le domaine de l'abstraction et de l'idéal. Ainsi, dans le mariage, tout en excluant les vœux éternels devant la société, il est à souhaiter que deux êtres qui contractent union croient à la perpétuité de leurs sentiments actuels et se *jurent* de s'aimer toute la vie. C'est là un engagement idéal qui a beaucoup de valeur morale, mais qui *sociale-ment* ne saurait avoir le caractère du contrat.

Ainsi, le mariage, soustrait à l'absolu et à l'infini, prend, quant au temps, le caractère *indéfini* qui convient aux choses de sentiment, et cesse d'être contradictoire à la liberté des époux, qui seront toujours maîtres de leur volonté et qui, sachant qu'ils peuvent toujours reprendre possession de leur individualité, seront amenés à un progrès moral qui ne peut s'accomplir que chez des êtres ayant le gouvernement d'eux-mêmes et la responsabilité de tous leurs actes.

D. *Le mariage ne constitue pas seulement une union déterminée par l'amour, il établit aussi une communauté d'intérêts entre les parties. Comment conciliez-vous ces deux éléments?*

R. En déterminant à chacun sa sphère propre, en séparant le contrat d'intérêt du fait de mariage.

La loi actuelle reconnaît et réglemente la séparation des biens entre époux. De ce qui est l'exception, on peut, sans inconvénient, faire la règle, le mariage n'emportant pas nécessairement avec lui la communauté de biens.

Le mariage peut aller sans l'association; ce sont là deux faits indépendants l'un de l'autre, quoiqu'ils puissent très-bien coexister ; mais ils ne coexistent harmoniquement qu'à condition de ne pas se confondre.

Il importe donc que toute union matrimoniale soit accompagnée d'un contrat qui règle les intérêts des parties et détermine les conditions de leur association. Le contrat est synallagmatique et authentique. Il oblige les deux parties entre elles et par rapport à la société. Il doit être publié et avoir une date certaine. Il faut que chacune des parties, s'il y a lieu, puisse en exiger l'exécution par-devant la justice sociale, et il importe que la société, que le public sache dans quelle mesure la responsabilité de ses actes incombe à chacun des conjoints et quelle est la valeur des engagements qu'ils peuvent prendre vis-à-vis des tiers.

Il est bien entendu que pour que cette responsabilité soit réelle, il faut que la femme ait cessé d'être considérée comme mineure par la loi civile, et que chacun des époux puisse disposer de ce qui lui appartient et seulement de ce qui lui appartient.

D. *Pouvez-vous résumer en quelques mots vos idées sur la femme et sur le mariage?*

R. C'est facile après ce qui précède.

La femme étant un être humain, une *liberté organisée* comme l'homme, a le droit de déployer ses facultés physiques, intellectuelles et morales, d'obéir aux lois de son être, de se faire son sort. Comme elle représente la moitié de l'être social, elle a, dans la société comme dans la famille, des fonctions qui lui sont propres. Dire que la femme doit être ménagère ou courtisane, c'est pousser à se faire courtisanes toutes les femmes qui ne savent pas être ménagères ou dont l'intelligence et l'activité s'étendent au delà du ménage. La société a des fonctions masculines et des fonctions féminines; les premières appartiennent aux hommes, les secondes doivent être, de préférence, dévolues aux femmes. Quant au mariage, je le considère comme une union provoquée et sanctifiée par l'amour, librement consentie des deux parts et avec connaissance de cause, c'est-à-dire faite entre deux êtres majeurs, ou en cas de minorité des conjoints, *ce qui est toujours regrettable*, avec l'assistance des parents, et enfin complétée par l'intervention de la société qui, en l'enregistrant, lui donne un caractère authentique et social. J'ajoute que cette union n'a pas de terme ; qu'elle est réputée devoir durer autant que la vie des conjoints, mais qu'elle peut toujours être rompue par la volonté des conjoints, d'accord avec la décision des arbitres ou des juges qui représentent la société; car la société étant intervenue dans le fait de mariage, doit intervenir aussi dans le fait de la dissolution. Ce que les parties et la société ont fait, la société et les parties peuvent toujours le défaire.

FIN.

Paris. — DE SOYE et BOUCHET, imprimeurs, place du Panthéon, 2.